学习高手

不上补习班，轻松得高分

[日] 叶一 ◎著 / 刘畅 ◎译

·北 京·

图书在版编目（CIP）数据

学习高手：不上补习班，轻松得高分 /（日）叶一著；刘畅译 . — 北京：文化发展出版社，2023.4
ISBN 978-7-5142-3955-3

Ⅰ . ①学… Ⅱ . ①叶… ②刘… Ⅲ . ①中学生－学习方法 Ⅳ . ①G632.46

中国国家版本馆CIP数据核字(2023)第029191号

JYUKU E IKANAKUTEMO SEISEKI GA CHO UP! JITAKU GAKUSHU NO KYOKASHO by Haichi
Copyright © Haichi, 2020
All rights reserved.
Original Japanese edition published by FOREST Publishing Co., Ltd., Tokyo.
This Simplified Chinese language edition is published by arrangement with FOREST Publishing Co., Ltd., Tokyo in care of Tuttle-Mori Agency, Inc., Tokyo, through Inbooker Cultural Development (Beijing) Co., Ltd.

北京市版权局著作权合同登记号：图字 01-2023-1532

学习高手：不上补习班，轻松得高分

著　者：[日]叶　一
译　者：刘　畅

出 版 人：宋　娜　　图书策划：周群芳
责任编辑：孙豆豆　　责任校对：岳智勇　马　瑶
责任印制：杨　骏　　封面设计：万　聪
出版发行：文化发展出版社（北京市翠微路2号 邮编：100036）
网　　址：www.wenhuafazhan.com
经　　销：全国新华书店
印　　刷：河北文扬印刷有限公司

开　　本：797mm×1092mm　1/16
字　　数：96千字
印　　张：11.25
版　　次：2023年5月第1版
印　　次：2023年5月第1次印刷

定　　价：58.00元
ＩＳＢＮ：978-7-5142-3955-3

◆ 如有印装质量问题，请电话联系：010-68567015

前言

利用我的学习方法提高成绩

◆ 学习不好是因为方法不对

"为什么非要学习呢？"面对这样的问题我总是如此回答："因为学习是最简单的一件事了，只要真的付出过努力就能获得好的结果。"初中阶段，社团活动和学习往往占据了校园生活的绝大部分时间。当然，社团活动努力参与了也会有结果，但是结果却更受个人因素的影响。比如，个子矮的人去打篮球或排球的话就会吃更多的苦，有时还会因为个人基础和才能的不足，导致怎么努力成绩都无法提高。但是学习就不一样了，就算没有特别的才能也可以通过努力提高自己的成绩，取得高分。而且，学习好坏还将影响以后的人生。学习好是人生中非常重要的成功经验。

我曾经在补习班当过老师，也做过家庭教师，教过的学生很多。现在我是视频网站上的一名教学视频博主。从我接触过的学生身上，我深切地认识到一件事，那就是一个人在学习上付出的努力是不会白费的。

◆ 学习可以不用花大钱

通过这本书，我希望大家能够掌握"自主学习能力"，它与我们整体的学习能力密切相关。

自主学习本身从各种意义上来说都是非常重要的一件事。只靠每个月交钱上网课或是上热门的补习班，还称不上真正的学习。虽然现在有些研究数据认为"经济能力差异会引起教育差异"，但是在如今这个时代，大家可以通过各种方式看到像我的教学视频一样的免费学习内容，也可以找到各种网站公开发布的学习方法。通过多种多样的途径找到并掌握切实有效的自学方法以后，就可以不花钱提高自己的成绩了。这样做还可以节省下来往返补习班的时间用于学习，在时间分配上也可以按自己的需求自由安排。

再进一步说，居家自学由于是自己来制订学习计划，自然学习主动性就会更高。与被要求在什么地方怎么做的被动学习相反，自主学习时对知识的吸收力也会显著提高。当然，在没有任何指导的情况下自己安排学习肯定不会那么顺利。可一旦找到了适合自己个性和生活方式的学习方法，那就会事半功倍。学习进入正轨后不断取得好的结果，那么学习积极性也会跟着提高，学习就会变得轻松愉快了。

◆ 现在学会自主学习将来也能受益

学习就是温故知新。学习可以提高自己的知识储备量，它将充实你们今后的一生。有人长大后会后悔"如果我以前更努力学习就好了"，可是我却从来没有听说过哪个成年人觉得"我以前没学习真好"。我相信大家都不想让自己以后后悔，也都希望自己的人生能更加丰富多彩。初中是为人生打基础的重要时期。初中生们，尤其是那些担心自己学习不够优秀的初中生，读了这本书你可以知道如何制订自主学习计划，它还能引导你找到适合自己的学习方法。这是本书中最重要的内容。

在本书的最后还设置了专门为家长准备的章节。家长作为学生最强力的支持者,现在可以做什么呢?还有如何判断某件事该不该做呢?在这一章节中都可以找到具有参考价值的内容。

希望这本书可以让那些为学习而烦恼的学生战胜困难,制订出适合自己的学习、生活计划,让自己的初中生活更加充实,这是我最大的愿望。

教育博主 叶一

阅读各章能够获得的能力

本书中每个条目大概占 2~4 页篇幅。读者可以从头开始按顺序阅读，也可以从自己感兴趣的条目开始阅读。

第 1 章 找到适合自己的"学习方法"

明明努力了成绩却一直没有提高，可能是因为没有找到适合自己的学习方法。但是，什么样的学习方法才适合自己呢？本章就会回答这些问题，并且告诉你什么样的学习方法不可取。

第 2 章 能切实提高效率的"学习计划制订法"

学习能力提高后，要想在考试中取得满意的分数还需要制订严格的学习计划。但是，自主学习时没有人会直接给你计划，你只能靠自己。虽然可能会有些麻烦，但正是这种创造性的工作才是自主学习的乐趣所在。计划制订出来后要严格执行哦。

第 3 章　学校不会教给你的"考试对策"

　　从期中、期末考试到升学考试，本章会告诉你想要达成目标需要的具体技巧。什么内容容易考，考试如何解题等，不擅长应对考试的人必读。

第 4 章　"学习程序化"让学习过程更轻松

　　自主学习不同于在学校和补习班学习，因为没有人会督促你，所以必须要养成良好的自学习惯。不仅仅要养成良好的自主学习的习惯，还要养成良好的在学校听课的习惯和记笔记的习惯。"一以贯之"才能真的学好。

第 5 章　制胜妙招，提高"专注力"

　　成年人也经常有无法专心工作的时候，对于兴趣广泛、好奇心旺盛的初中生来说，提高自己的专注力是非常重要的。自己在房间里，在没有任何人监督的情况下，如何才能专注于学习，如何休息等问题，本章都会做出解答。

第6章　让"决心和自信"化为力量

很多初中生的自我认同感都很低。对他们来说，最容易产生自信的方法就是通过努力做成某件事，也就是努力获得成功体验。但是怎样才能获得成功体验呢？还有，情绪低落、失去学习动力的时候该怎么做呢？

第7章　需要初中生家长们了解的事情

初中生在自主学习的时候一定离不开家长的协助。本章内容就是我想要传达给家长的信息，请爸爸妈妈们一定仔细阅读。我建议孩子们也可以读一读，可能读完本章以后，你们就更容易理解家长的苦恼和那些他们无法说出口的话了。

目录

前言　利用我的学习方法提高成绩　　　　　　1
阅读各章能够获得的能力　　　　　　　　　　5

第1章
找到适合自己的"学习方法"

01	为什么要强化自主学习能力？	003
02	努力学习考试分数却不理想是为什么？	005
03	一点都不知道该如何学习怎么办？	008
04	大家都是怎样找到适合自己的学习方法的？	010
05	是不是应该坚守已经确定的学习方法？	014
06	如何挑选习题册和参考书？	017
07	不正确的学习方法有哪些？	019
专栏1	劳逸结合学习效率更高	021

目录

第2章
能切实提高效率的"学习计划制订法"

01	制订备考学习计划的窍门是什么?	025
02	制订学习计划的要点有哪些?	027
03	学习不要看"时间",而是要用"量"来衡量	030
04	"高目标"学习计划不如"绝对能完成"的学习计划	032
05	制订计划要有余地,即使出现少许偏差也能调整回来	034
06	"今天几点吃饭"这样的事情要提前确定好	036
07	不管多累多沮丧也不能一天不学习	038
专栏2	越会学习的人生活越充实吗?	040

第3章
学校不会教给你的"考试对策"

01	想要提高考试分数应该从哪里入手？	043
02	如何学好数学？	045
03	学英语应该从哪里着手？	048
04	语文学习应该注意什么？	050
05	理科（物理、化学、生物）和文科（道德与法治、历史、地理）都应该怎么学？	052
06	考试时一边做题一边用△或×做记号，方便之后做修改	055
07	考完试当天再确认一遍考题	057
08	期中、期末考试和升学考试的准备，哪个应该放在优先位置上？	059
09	什么时候开始做历年考试题？	062
专栏3	想要克服对某个学科的恐惧心理，就要先去亲近这个学科	064

目录

第 4 章
"学习程序化"让学习过程更轻松

01	上课时标出回家需要复习的内容	067
02	课堂上预想"考试会怎么考",带着问题听课	069
03	不懂的题先看完答案和解题说明再去问老师	071
04	预习有余力再做,说到底还是要以复习为主	073
05	需要背的内容当天至少背两次,可以的话第二天早上以及第三天还要各背一次	075
06	生活中也需要有不用坐在书桌前的轻松的学习时间	077
07	教科书上的内容学完后一定要做练习	079
08	做完作业一定要马上对答案	081
09	记笔记时需要注意什么?	083
10	记"自学笔记"	086
11	制作"错题笔记"	088
12	原则上笔记中只用基础的红、蓝、黑3种颜色	090
13	以教授他人知识的方式进行知识输出	092
专栏4	计划表可以是纸质的,也可以是电子的	094

第 5 章
制胜妙招，提高"专注力"

01	自主学习的基本原则是"分段学习法"	097
02	握笔的手和另一只手一起把问题围在中间	100
03	把书桌附近可见范围内所有具有诱惑力的物品都拿走	102
04	桌面上除了正在用的参考书以外什么都不放	104
05	选择能让自己静心的方向和场所摆放书桌	106
06	根据当天的状态决定是否在客厅学习	108
07	太困的时候不如干脆小睡15分钟	110
08	学习期间手机关机或者调成静音	112
09	只有复习的时候可以边听音乐边学习	114
10	重视睡眠和饮食	116
11	文具盒里只留下最好用的文具	118
专栏5	叶一爱用的文具	120

目录

第6章
让"决心和自信"化为力量

01	从简单的问题开始积累解题的成功经验	123
02	每天睡觉前表扬一次"今天的自己"	125
03	甜枣、巴掌?巴掌、甜枣?	127
04	烦躁是学习的敌人	129
05	消极情绪不可怕,化为动力助学习	131
06	学习相关的成功体验越多越好	133
07	坦然接受情绪低落的自己,一步也好,动起来	135
08	状态不好时怎样有效学习和转换心情?	137
09	研究本地高中信息,拥有逐梦之手	139
10	中考尽自己最大的努力,超越自己	141
专栏6	能够提高学习积极性的漫画和音乐	143

第 7 章
需要初中生家长们了解的事情

01	培养孩子的自主性	147
02	把真正重要的事情传达给孩子	149
03	不让孩子感到孤独	151
04	提高孩子的自我认同感	153
05	面对孩子的叛逆期	155
专栏7	际遇改变未来之梦	158

后记　通过努力学习变得从容　　　　　　　　159

第1章

找到适合自己的"学习方法"

- ◆ 怎样才能让学习变容易?
- ◆ 为了能让大家找到适合自己的学习方法,我来回答这些问题。

01 为什么要强化自主学习能力？

◆ 因为自主学习能力将惠及终身

▶ 自主学习并不是简单的在家学习

为什么说掌握独自制订学习计划和自主学习的能力很重要呢？因为它不仅仅关系到下次考试分数的高低这种眼前的情况，还会关系到今后的人生，是一种非常重要的能力。

"擅长自主学习"的孩子是指通过自主学习能够取得好成绩的孩子，当然不能说只要在家学习就是擅长自主学习。因为学习的成果会完全在考试的分数上体现出来，也会影响到升学，只有看到这些结果才能判断出来是否真的擅长。

▶ 影响今后人生的自律能力

你觉得，擅长自主学习的孩子和不擅长的孩子有什么不同呢？关于这个问题本书后面会详细解说，这里我只说其中最大的一个不同，那就是不管在学习上还是在制订学习计划方面，是否拥有自律的能力。一味按照别人的指示来学习是无法获得这种能力的。要想通过自主学习取得好成绩，首先要明确自己的学习目的，然后根据目的找到适合自己的学习方法，最后就是在了解自己的生活方式、长处和短处的前提下严格完成学习任务。

　　有些成年人做工作的时候完全不动脑，领导说什么就做什么，而有些人不用别人提醒就主动找到最好的方法，甚至超额完成自己的任务。为了以后能成为后者那样的人，现在就要一步一步地学习和掌握自主学习能力，这个过程是非常重要的。

02 | 努力学习考试分数却不理想是为什么?

◆ 不知道什么样的学习方法适合自己？可能是"过于自信"了

▶ 背诵方法也存在适合不适合自己的问题

"努力了但考试分数却不高"，大多是因为现在的学习方法不适合自己。如果继续这样下去，自己就会慢慢产生"学了也没有用"的想法，变得更不愿意学习了，最终陷入恶性循环。

以背诵为例，背诵也有很多不同的方式方法，有的人适合这种方法，而有的人适合那种方法。我就曾经走过很多弯路。其实过去我背东西还是很快的，你可能会想，背得快还有什么问题啊，但是你不知道的是背东西快的人有个弱点，那就是背得快忘得也快。因此，考试分数并不会提高。我在补习班教课的时候，就遇到过这种类型的学生，也就是他很擅长短期记忆，但是很难做到长期记忆。如果自己意识不到这一点，觉得东西背过就没问题，那就糟糕了。

▶ 人是健忘的生物

我们不是电脑，大脑里没有"保存"键。很多时候自己觉得背下来的东西其实并没有保存在我们的记忆里。如果考试的时候不能从记忆中调出背过的内容，那背诵就完全没有意义。

为了避免这种情况的出现，"背完就完事"是不行的，还要想办法让背下来的东西不被忘记。例如，可以自己思考一下，自己"要用多久、重复几次才会让背过的东西真的留在记忆里"。

▶ "知道"和"会做"完全是两回事

"学习不出成果"的人基本上都是学习"不求甚解"的人。但是，"知道"与"理解""会做"是完全不同的概念。听老师讲课时学生很容易觉得自己学会了，可其实准确地说你可能只是"知道"了。如果一个小时后再让你做同一道题，你可能还是不会做。这样的孩子通常有两个明显的特征。

特征1：做题只求进度

好不容易决定认真学习了，觉得题做得越多越好，就不管不顾地一直往下做题。但是，如果不能一步一个脚印踏踏实实地弄明白每一道题,题做得再多最终也会是竹篮打水一场空。"我做了那么多题考试还是不会",这样的感触会让自己慢慢消沉下去,所以平时做题的时候要真的确定每一道题都确实会了才行。

特征2:对过答案就完了

对答案并不能让你"理解""会做"习题,只是判断对错而已。很多人都觉得对完答案自己"知道了"就行了,可是真正会做一道题是必须要反复琢磨的。想要学习有效果,不能只是"知道","理解"和"会做"更重要。当你意识到这一点以后,你肯定会改变自己的学习方法,学习结果也会有变化。

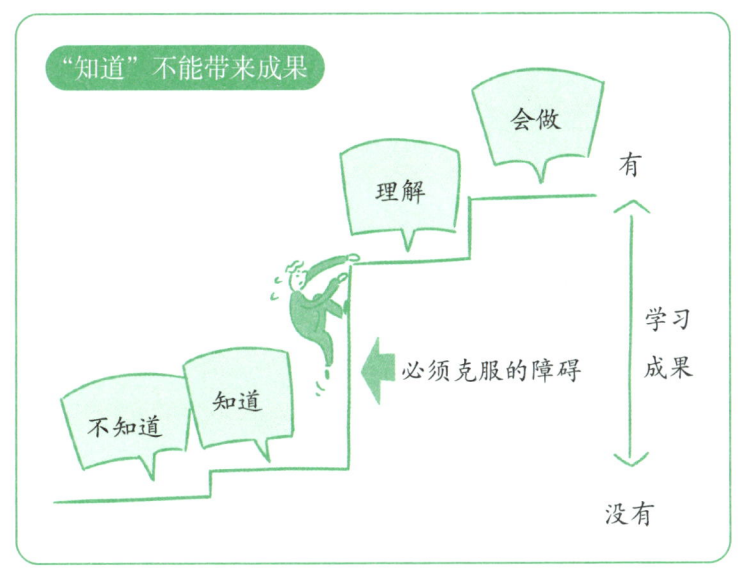

03 | 一点都不知道该如何学习怎么办?

◆ 关注"能做到的事情",
不要管"做不到的事情"

▶ **不少初中生的自我认同感都比较低**

我认为觉得学习很难的孩子身上最大的问题就是"自我认同感"(自己肯定自己的感情)太低了。因此即使有了想要自学的想法也会对自己的决定不自信,想着"这样做对不对呢"。

我当补习班老师的时候曾经做过一个调查。我对学生说:"给你们5分钟,写出自己有哪些优点和缺点。"几乎所有的学生都写了好多缺点,而只有一小部分同学写了一两条优点。而其中有的学生写的缺点我甚至都有点怀疑"这真的是不好的地方吗"。读到这里的读者,你们是怎样的呢?

▶ 发挥自己的优势学习

很多孩子都在缺点那一栏写了"记忆力不好""专注力不够"之类，但是你们在做自己喜欢的事情的时候，例如玩游戏时是怎样的呢？武器名称、指令内容、游戏攻略等是不是马上就记住了？应该也有玩游戏玩得忘记了时间的时候吧。所以，没有人是天生记忆力、专注力就不好的。

能够找到适合自己的学习方法，知道"缺点不一定真的是缺点"以及"发现自己的优点"非常重要。以我为例，我知道自己擅长短期记忆但长期记忆很差，说得不好听点就是"健忘"，可是只要我踏实地不断重复背诵，所背内容就能留在记忆里不会轻易忘记了。总玩游戏的孩子应该有类似的经验，可以理解我说的过程。

根据自己能够做到的事情确定学习方法才能真正地提高成绩，而不是关注自己做不到的事情。

04 | 大家都是怎样找到适合自己的学习方法的?

◆ 参考学习好的朋友们的学习方法

▶ 从零开始构建自己的学习方法是很困难的

成绩总是上不来的孩子需要重新审视一下自己一直以来的学习方法。不过学习方法没有最优答案,如果有的话,大家都用最佳的学习方法,就都能够提高成绩了。而且,虽然统称"学习方法",但是根据学科种类和学习目的的不同,学习方法也会不同,也就是说学习方法可以有很多很多,想要全部掌握是不可能的,只会白白浪费时间。那么怎么做才好呢?

▶ 从向朋友们"学习"开始

首先我建议大家"学习"。这里的"学习"意思是通过模仿某个人学会某项技能。然后,将学到的学习方法进行调整,使之适合自己的情况。当然这样的"学习"不仅限于学习方

无数的学习方法……你需要的是哪个？

不同科目学习方法

　　语文、数学、英语等科目各自的学习方法

需要记忆科目的学习方法

　　年号、英语单词、元素符号……的学习方法

理解型科目的学习方法

　　方程式、语文阅读题、英语长篇阅读理解……的学习方法

利用特殊装置、文具的学习方法

　　利用手机、平板、电脑、录音笔、荧光笔……的学习方法

不同程度的学习方法

　　加强弱科、达到平均分、考进目标高中……的学习方法

期中、期末考试用的学习方法

升学考试用的学习方法

提高学习积极性的学习方法

　　利用奖惩机制、明确目标、树立榜样……的学习方法

以高效计划为基础的学习方法

　　短期计划、中期计划、长期计划……的学习方法

适合个人生活方式和个性的学习方法

　　白天型、熬夜型、社团活动中心型……的学习方法

法，任何想要掌握的技能都可以采用这个思路。学习学霸的学习方法是最快的途径。有不明白的问题就能直接向他们请教，也很方便。除了朋友以外，也可以向自己学校的老师、父母、兄弟姐妹、亲戚等学习。请你试试坦率地向他们请教吧："我这里总是弄不明白，你是怎么学的呢？"

被人请教可以带来更多的自信心，他们应该不会觉得厌烦的。教别人的同时，这些知识也会在自己的脑中重新复习一遍，对于被请教的人来说也有加深记忆的好处。不能请教完别人就满足了，要马上付诸实践才行。很多事情都要通过亲身体验才能真的学会，所以首先要行动起来。

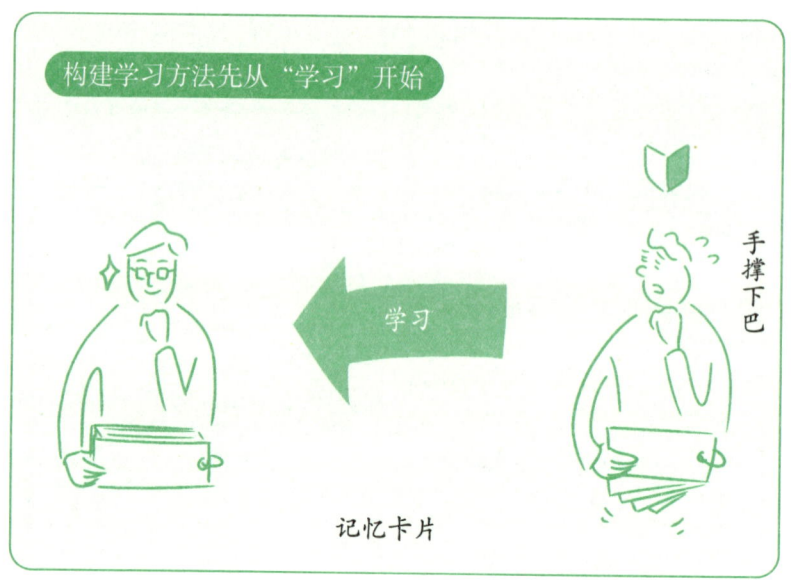

从零开始构建自己的学习方法是非常困难的一件事。如果能够从别人的既有成果中学到适合自己的学习方法并适当进行调整，就可以很简单地构建出一套属于自己的高效学习方法了。比如可以再加上制订学习计划的方法、不同科目的学习方法和不同考试用的学习方法等。

本书以获得上述这种综合性学习方法为目标设立章节，请在阅读时注意这一点。

"根据自己的情况进行调整"这种创造性的工作正是自主学习最有趣的地方。

05 是不是应该坚守已经确定的学习方法?

◆ 不管什么样的学习方法都要根据自己的情况不断进行调整

▶ 不要害怕自我调整

我前面提到的通过模仿的"学习"必须经过调整才有意义,无论是多么成熟的学习方法都要不断地调整以适合自己,所以不能害怕调整。学生时代的我,总是别人说是"这样的",那么我就相信"一定是这样的",也就是总以为事情非黑即白。这可能是因为小学时习惯了老师怎么说就怎么做。现在我儿子也上小学了,当看到他的作业是"大声朗读5次"的时候,我会自己给他调整一下。先让他读一遍,然后告诉他:"好,这次是正式的了,如果这遍读得好就不用再读了。"我觉得按照老师说的重复朗读5次还不如集中注意力读上一两遍。

学习方法没有好坏,即便有人对你说"这个学习方法好",你也不用非得按照别人说的去做。当然也包括我在本书中介绍的这些学习方法。因此，本书的内容你只要有个大概了解就行了。

▶ 某种学习方法是不是还有一点可取之处呢

有句话叫"一以贯之"。在尝试新的学习方法的时候，不坚持到一定程度是不能判断出它效果如何的。我经常对别人说："尝试一个新的学习方法至少要坚持一周。"其实一周的说法没有什么明确的根据，这是我从很多初中生身上总结出来的。我认为如果某种学习方法只践行一两天，是看不到学习效果的。这就跟交朋友一样。如果是自己一点不喜欢的人，交往起来会很痛苦，那就最好尽早分开。如果还有少许期待，觉得"我还不太了解这个人，没准儿他还有什么优点呢"，那就试试至少交往一周。

做判断的时候有两个要点。

- 时间、操作、金钱方面负担大不大，有没有可持续性？
- 是否能获得成果，或者经过调整以后是否能够获得成果？

然后，在这一周的尝试过程中，如果产生了"这样调整可能会对我有效果"的想法，一定要调整试试看。调整后如果真的有效果，你的学习积极性会大大提高，学习会变得更有趣。锻炼、减肥之类仅仅一周的时间可能看不到效果，但学习是可以的。

"不做不知道"，先认真地坚持一周吧！

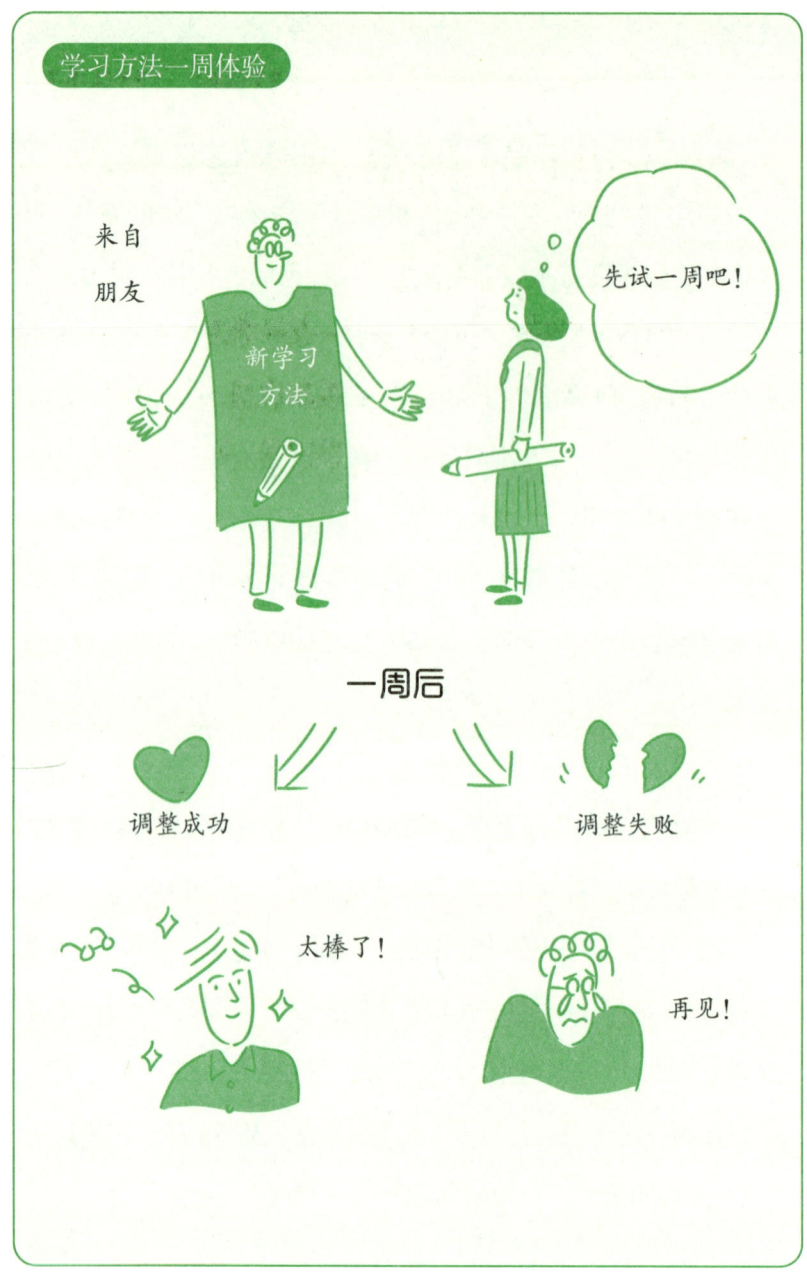

06 如何挑选习题册和参考书?

◆ 去书店看实物，凭感觉决定买哪本 ◆

▶ 不要过于相信别人的推荐或评价

其实学习只要有学校的教材和作业就足够了，如果觉得自己还有余力，这些还不够的话，可以再买些其他的习题册或参考书，不要浪费自己难得的学习积极性。

经常有人问我："什么样的习题册比较好？""有什么参考书推荐吗？"我建议大家不要自己看都不看就凭着名人推荐或评分高低去购买习题册、参考书。完全依赖他人的判断购买的书籍，可能用了才发现并不适合自己，买错了。

▶ 网上买书不如到书店直接看实物

比起网上买书，我更建议大家去实体书店买书。只有拿在手上才能更容易选出自己喜欢的。漫画、杂志等通常是有外包装的，但是参考书、习题册之类都是直接摆在书架上的，你可以随意翻看里面的内容。看完里面的内容再挑选自己觉得好用的就好了。

　　书店里售卖的各种习题册、参考书都是精心挑选上架的，一般不会有特别差的书。因此我建议大家不要让父母帮忙购买，而是应该趁此机会培养一下自己的选择能力，另外自己挑选的习题册和参考书自己也会更珍惜。只有经历了亲自一本本挑选的过程，才能让你得到一本能够坚持用下去的书。

07 | 不正确的学习方法有哪些?

◆ 不知不觉学习变成了单纯的"写作业"

▶ 学习变成了"写作业"以后

虽然我前面说了每种学习方法都是经过反复推敲总结出来的，只有适不适合你的问题。但是从我个人的角度来说，还是有些不太推荐的学习方法。例如，制作"自己的英语单词手册"这种学习方法。一听之下觉得很好（实际上也有很多人用过这个方法吧），但是，市面上已经有很多非常好的英语单词手册卖了，自己特意去做一本，只会浪费大量的精力和时间。另外，制作英语单词手册过程中还要时刻注意书写是否整齐漂亮，注意力都放在"制作"这件事上了，根本没法学到什么。而且花了那么大的力气制作英语单词手册，光是做出来就非常满足了，可能之后不太会想着拿出来用。

此外，"为了记住写10遍"这样的方法也容易变成单纯的"写作业"而不是学习了。心里想着要多写，想着要写上10

遍，写到后面就容易变成简单的重复动作了。这样的话还不如"只写两遍记住它"呢。先写一遍，然后再写一遍，你会更专注于这两遍的书写，也更容易记到脑子里。

▶ 有些孩子把作业变成了"艺术"

有些孩子"回家以后会把在学校记的笔记再整齐地誊抄一遍"，不过我觉得这也是在做无用功。最近很多学校都会给学生的笔记打分，孩子们就更想把笔记记得整齐漂亮了。这已经称不上作业，而是进入"艺术"的领域了。但即便如此，重新誊抄笔记也是浪费时间。这些时间应该用来学习还是誊抄笔记，冷静思考一下哪个能提高成绩就明白了。

专栏 1

劳逸结合学习效率更高

我在大学时代，为了让自己夜里不犯困，经常一边听深夜广播节目一边学习。其实这样做学习效率非常低，我就干脆当作休息了。有时我会因为社会活动感到疲惫不堪，也有过于紧绷觉得"不听广播就活不下去"的时候。虽然早就计划好了什么时间干什么，但是知道"反正今天学不下去了"，我就会一直听广播听到够。等心满意足了，有可能还会重新燃起斗志——"再学一会儿！"

我认为一个人学习的时候更需要适度的放松。这个时候就不要勉强自己了，好好休息以后才能继续努力。

第 2 章

能切实提高效率的"学习计划制订法"

◆ "好，来学习！"可是盲目地开始后，效率却很低，还是先制订一个高效的学习计划吧！

01 | 制订备考学习计划的窍门是什么？

◆ 制订计划如同搞创作

▶ **首先要明确制订计划的目的**

想要提高考试分数，先制订一个严格的学习计划再开始学习，效果会更好。可以将制订学习计划想象成是在以"怎样才能提高自己的分数"为主题进行独立创作。不过胡乱制订计划也是不行的。大家可以按照下面所述的5个步骤冷静地分析一下自己的能力，然后制订一个合理的学习计划。

临近期中、期末的时候，学习肯定要以考试范围为主，如果同时又面临升学考试，那么学习的目标就是准备期中/期末考试和升学考试两个了。与确定学习方法时一样，制订的学习计划也要不断地根据自己的情况进行调整。

制订学习计划前先要回答的几个问题：

1 是为了期中、期末考试，还是为了升学考试？

为了期中、期末考试，还是为了升学考试？两种情况下的学习方法和学习计划是不一样的。

2 什么时候考试？

明天、一周后、半个月以后、一个月以后……不同情况下每天的学习时间和学习安排有很大差异。

3 目标分数是多少？

目标是达到平均分？想提高弱科，还是想全部科目达到90分以上并进入第一梯队？要实现不同目标就要有不同的策略，如果不先明确这一点就开始闷头学习，效率会非常低。

4 为了达成目标应该学什么，学到什么程度？

为了更快达到目标，可以采取很多策略，例如跳过某些单元，或是以弱科为中心学习等。

5 一天学多久？

不管什么事情，一丝不苟地严格按计划执行都是很难的。那么不如设想一下万一计划完不成怎么办，然后在制订计划的时候多留余地。要认真想一想这样的计划真的能够实际完成吗？有没有更高效的方式呢？

02 | 制订学习计划的要点有哪些?

◆ 长期、中期、短期计划，前进途中的补给站

▶ 最长期的学习计划是升学考试学习计划

纵观整个初中时代，以升学考试为目标的学习计划是最长期的学习计划。可是不先确定自己的升学目标学校，这个学习计划就很难制订出来。确定升学目标学校以后就能知道自己各科必须要达到多少分，也就能够根据现在自己的学习水平确定今后的学习计划了。升学目标越早确定下来越好，因为这样就可以越早明确自己的学习目标了。可能初一的时候想要确定升学目标还是很难的，但至少可以先了解一下自己所在的地区都有哪些高中，这样就能以它们为假想目标制订学习计划。

在中考前，我的成绩距离目标学校的要求还差不少，但是我并没有放弃，不断地思考怎样学习才能提高分数。临近考试我开始倒数还剩几天，开始按天数制订学习计划，确定每天要

复习多少。实际上我想到这么做的时候已经有点晚了，所以实行学习计划变得非常紧张，最后身体都有点受不了了，这是我需要反省的地方。不过我最终还是如愿以偿地考进了目标学校，并且开始有了自信。如果那个时候我没有认真地制订学习计划，只是一个劲儿努力的话，我觉得我的目标肯定是实现不了的。

▶ 中期计划和短期计划要更具体

与升学的长期计划稍有不同，中期计划是为了确定一个月左右的学习量，而短期计划是为了确定一周或一天的学习内容。为什么学习计划还要分中期和短期呢？那是为了提醒自己在一个月、一周或一天结束的时候检查一下"目标有没有完成"。我们可以将之想象为马拉松比赛中的补给站。这些补给站的存在让你可以明确掌握学习的节奏。例如你会知道"今天习题册必须再做4页，要不然就赶不上进度了"。你需要知道自己每天的学习进度是快了还是慢了，要不然等到升学考试前一个月左右才发现自己的进度慢了，可就来不及了。

▶ 要设多少个进度确认节点呢？

学习计划没有固定的格式（经常使用表格的形式，填写简单，只要写明关键信息就可以了），你可以在喜欢的地方设立像补给站一样的进度确认节点。确认节点间保持同样的间隔，这样可以很容易看出来"比进度快了一点"还是"稍微有点落后了"，以便对后面的计划进行微调。

通过完成多个短期计划达成中期或长期计划

长期计划		
中期计划	中期计划	中期计划
短|短|短|短|短|短	短|短|短|短|短|短	短|短|短|短|短|短

（最左列为"短期计划"）

> 将一个计划详细划分成若干个小计划，它们就是确认目标完成度的节点。

短期计划	1天、几天、1周左右的计划
中期计划	以期中、期末考试或学期为目标的2周～3个月的计划
长期计划	以升学或年度为目标、1～3年的计划

经常有人问我："我一个月确认一次自己的计划完成情况行吗？"其实只要自己觉得怎么容易操作就怎么做。我自己是很怕麻烦的人，不愿意把计划做得太细，所以我是一周确认一次。确认进度这件事说到底要看自己的需要，自己觉得有必要做几次就做几次。

03 | 学习不要看"时间",而是要用"量"来衡量

◆ 可以提高学习专注力

▶ 学多久要根据"学习量"来确定

学习要张弛有度。有的人能够在可能的时间里一直保持高效学习,但一般来说长时间持续学习,专注力是会不断下降的。勉强自己无精打采地学习没有意义,因此学习不能看时间而要看"量"。

很多孩子都是用时间来安排自己的学习的。"今天我要学到下午3点!""今天我要学两个小时!"等,这样的做法有很大的问题,因为相比时间长短,"做了什么和做了多少"才更重要。坐在书桌前磨磨蹭蹭地耗到3点,就觉得自己"努力了""学习了",那就大错特错了。这一段时间里到底学了多少才是最重要的,不是吗?集中注意力1个小时就能完成的事情却拖了3个小时,只是在浪费时间。

▶ 时间只用于完成目标和休息

我们可以用学习量来确定阶段目标，例如"今天我要把数学作业做到第30页再休息"。也可以用时间规定目标多久完成，例如"从第1页到第30页要在3个小时之内做完"，这样也是可以的。定时完成学习目标有点像玩游戏做挑战，能让你更专注于习题。还有一个必须遵守的原则是，一旦确定了目标，就算最后时间稍微超过一些，也必须要完成。

在学习间隔还要加入适度的休息，但是休息时间过长就很难找回学习状态，所以建议休息时间以5~15分钟为宜。

04 "高目标"学习计划不如"绝对能完成"的学习计划

◆ 能够切实地完成计划会让你更自信

▶ 高目标完不成反而更不好

我前面说过，要先确定一个目标，例如"下次期末考试我要考多少分""我要考上目标学校"等，然后按照剩余的天数制订具体的学习计划。

作业做多少页，单词背多少个，今天要学到哪里，本周或本月我要完成怎样的目标等，这些小目标和学习量必须要根据自己的实际情况来确定，也就是说学习目标"必须能够完成"。如果确定的目标不切实际、无法完成的话，自己有可能会想着"算了，反正也是没办法的事儿"，便开始得过且过，或者觉得自己"果然很没用"而失去自信，最终无法形成良好的自主学习习惯。

▶ 计划有问题就要马上调整

自己实际学习情况怎样，没试过谁也不知道，因此，随时调整计划是非常必要的。例如，已经确定了一天背30个英语单词的学习目标，可是"总是背不完且拖到第二天"或者觉得"对自己来说有点多了"，那就要对学习计划进行修改调整。20个也好，10个也好，就算每天只背5个，只要自己每天能够切实地背下来，这个任务量就是合适的。当然，目标太低的话效果就不好了，所以要把握好度，最好让自己"稍稍努力就能完成"。

随着目标一天一天地完成，你也会渐渐自信起来，知道"这种程度我是没问题的"。

05 | 制订计划要有余地，即使出现少许偏差也能调整回来

◆ 做好计划出现偏差的心理准备，不焦虑

▶ 没办法一下子确定合适的学习量

"自己制订的计划一定要完成"，话虽这么说，可是并不存在"完美的计划"。如果不明白这个道理，一旦计划出现偏差可能就会直接放弃了。为了避免这样的情况，我们在制订计划之前就要做好计划会出现偏差的心理准备。计划制订得再细致也会出现偏差，最常见的就是感冒之类，还可能出现一些突然的变故。

即使一开始出现了多次偏差，只要不断地进行调整，就能准确掌握适合当天状态的学习量了，那么以后再制订学习计划也会容易很多。

▶ 一件急事就能轻易打乱学习计划

适应了当前的学习计划后，也可能会有突发事件打乱计划。这种时候请一定不要着急，可以调整计划，将今天耽误的事情挪到其他的时间去做，不过这就要求我们在制订计划的时候留有余地。我会告诉学生，在制订期中、期末考试学习计划的时候，不要把考前的3天放到计划里，也就是说这3天不要分配任何学习任务。这样学生可以把那3天当做学习计划后备日。一旦计划出现偏差，没做完的事情就可以放到那3天去做。

每个人的时间都是有限的，制订学习计划的时候，要把优先级高的事情放到前面，其他的事情有余力再去做。这也是在时间紧急情况下的一种非常有效的策略。

世上没有绝对正确的学习计划。只有相信自己，让自己踏实走好每一步，才能最终达成既定目标。

06 "今天几点吃饭"这样的事情要提前确定好

◆ 不用学到一半被迫中断 ▶

▶ 配合晚餐时间制订学习计划

为了不打乱好不容易确定下来的学习计划，有些事情最好让家里配合一下。这就是"先跟家人确定已知的日程"，特别是一定要提前确认"晚饭的时间"。自主学习的时候，经常是听到父母招呼"饭好了哦"，就不得不中途停下来，这非常影响学习效率。

本书第4章"'学习程序化'让学习过程更轻松"，会告诉大家做完题以后要马上批改，而且必须在对答案的同时把答案的解释说明也都看一遍，否则会大大影响对题目的理解。所以为了自己能够更专注于学习，为了学习效果更好，做计划的时候应该把晚饭时间也考虑进去。

▶ 怎样寻求家人的配合？

　　如果直接提出要求"我要××点吃晚饭"可能会让家人有压力。可以先问一句"今天晚饭大概几点吃啊"，然后把自己询问的理由"我想配合晚饭时间安排学习"告诉家人。家人听到原来是为了学习，应该就能理解并配合你，而不会生气了，甚至心里会觉得"这孩子学习真努力呀"。你看，不经意间就让家人知道自己在努力学习的事情了。

　　执行学习计划还要尽早知道休息日的安排等。如果能提前几天知道，就可以早做调整，例如把很多事情安排在休息日的前一天。这和确定晚饭时间一样，一定要把理由跟家人说清楚后再寻求家人的配合和帮助。

07 | 不管多累多沮丧也不能一天不学习

◆ 保持自我认同感，保证生活有规律

▶ 5分钟也好，一定要学点什么

初中生活的每一天都不一样，有可能会因为社团活动而筋疲力尽，也有可能因为人际关系而情绪低落。但是，绝不能因为这些理由就某天完全不学习，这样做负面影响太大了。像这种日子，就算5分钟也好，一定要学点什么、做点什么；只要有些许的进展，就能减轻"自己什么也没干"的负罪感，也不会打破自己一直以来的努力和坚持。我并不是说不能因为某事消沉低落，只是觉得低落就低落，但若是这个时候学习也能有一点点进展就最好了。

▶ 一天不学习就会影响自我认同感

初中生大部分都处于自我认同感比较低的时期。不管因为什么原因，一旦自己给自己贴了"我今天没学习，我是个没用的人"这样的标签，那么自我认同感就会越来越低，自身也会一直陷于低落情绪之中。如果在情绪低落的时候仍然能够坚持背下10个英语单词，哪怕只有10个，就可以肯定地对自己说"我努力背完了10个单词"。没准儿你也会遗憾地想着"唉，我只背了10个啊"。可是等你情绪恢复以后再回头看，"虽然那时候我真的消沉得不行，但我还是尽可能努力了"，那么你的自我认同感就不会受影响，你的学习节奏也不会受到太大影响，就可以更好地应对未来的升学考试。

专栏 2

越会学习的人生活越充实吗？

　　我高中时学得非常辛苦。当我和身边学习好的朋友聊天的时候，发现他们并没有把全部的时间都用来学习，这让我很吃惊。当时我的学校正在申请成为重点校，初二的第1节课前又加了"第0节课"，每天早上7点半就要到校。可我听那些学习好的朋友们说，他们因为喜欢钓鱼，竟然在每天早上上学前还要去钓鱼，因此他们头天晚上必须早睡。我说我为了学习只能进一步压缩睡眠时间了，他们的反应却是："你傻吗？""这么做有意义吗？睡眠是人类必需的行为，为什么连睡觉的时间都要压榨呢？"这简直是醍醐灌顶。

　　虽然不能肯定这么做对不对，但是我之后的学习计划还是以保证睡眠为前提进行了调整。没想到虽然学习时间变少了，但是真的更容易专注了。通过反复的试验和练习，我学会了如何在很短的时间里高效学习。这样改变的结果就是，我成了现在的我。

第3章

学校不会教给你的"考试对策"

◆ 考试是检验日常学习成果的时刻，考试分数也与综合评价和高中升学紧密相关，那么让我们来了解一下现在就能用上的考试对策吧。

01 想要提高考试分数应该从哪里入手？

◆ 不要想着所有科目，先集中精力提高1~2门学科的成绩

▶ 同样是 400 分你应该选哪个？

以北京为例，2022年北京中考总成绩满分为660分，计入成绩的统考科目为语文（100分）、数学（100分）、英语（100分）、道德与法治（80分）、物理（80分）、历史（80分）、地理（80分）、化学（80分）、生物（80分）、体育与健康（40分），其中，按照文理兼顾原则，在历史、地理中择优确定1门，在化学、生物中择优确定1门计入成绩。

以语文、数学、英语、道德与法治、物理这5个科目为例，如果想努力把它们都学好，可能会因压力过大而无法取得实际效果。那么，来看看下面的A和B两种情况，你觉得哪个比较好。

A：5科分数为：80，80，80，80，80，总分400分。

B：5科分数为：95，95，70，70，70，总分400分。

父母可能更希望是A，从他们的角度来看是不希望孩子偏科的。我理解他们的心情，他们希望孩子每一科都能够齐头并进。但是，对于那些不喜欢学习、不擅长学习的孩子来说，我更希望你们能以B为目标。

如果孩子本来每一科都能达到75分以上的话，我相信他们可以做到让所有科目的分数再提高一些。可是，那些明显偏科，部分学科甚至连平均分到达不到的孩子，如果把学习精力投入到所有科目中，那么精力就会分散，分数也很难都有提高。

▶ 更注重学习的结果

"成绩提高"对于提高学习积极性非常重要，所以我希望大家尽量不要有"努力学习了成绩却没提高"这样的体验。一旦决定了要努力学好哪一科就要坚持下去，这也是更容易取得学习成果的方法之一。

其实只专注于一科就足够了，但有的孩子可能下不了决心，那就努力学好两科，如果有余力三科也可以。而且要挑选自己下决心"下次考试分数一定要提高"的科目。一旦"分数提高了"，获得了成功的体验，就能真正感受到学习的乐趣，学习积极性也会跟着提高，也许下次就想着要让更多科目都拿到好成绩了。

02 | 如何学好数学？

◆ 数学靠积累，偶尔也要做取舍

▶ 数学是需要"积累"的学科

很多初中生数学学不好就是因为不重视"积累"。大多数时候，要解答眼前的问题，你必须掌握这之前的各个单元的所有知识，否则就解不出来。例如，初中一、二年级的计算你不会的话，就理解不了初中三年级的计算题。如果没有意识到这一点，就找不到自己不会做题的原因，就会产生"不行，数学还是太难了"的畏难情绪。与此相对，其他理科通常每个单元讲一个单独的领域，即使不记得初中一年级学过什么，也不影响初中二年级的学习。但数学就不行了。说要"努力学好数学"，但是只顾着眼前学的内容，肯定是学不好的。

▶ 反复练习很重要

数学题需要反复练习，没有这个意识，也无法学好数学。

在所有科目中，只有数学是题做得越多越熟练，考试就越容易拿高分。数学题不是做一次做对了就行，多做多练才能真的掌握。虽然需要反复练习，但并不是所有的题都要做很多遍。所以一开始做题的时候就要按照一定的标准给每道题标注一下〇△×。

〇："轻松解决"的题。

△：做对了但不是很有把握的题、看了提示才解出来的习题、差点就解出来觉得有点可惜的题等。

×：完全不明白的题。

〇不需要再做了，省得浪费时间。△和×则要多做几遍直到自己确实掌握为止（不过还要判断一下：它们是否是下面我要讲到的需要直接放弃的题目）。适度的取舍能够让你专注于自己掌握得不太好的题目，学习效率提高了，结果自然会更好。

▶ **有些题目可以直接放弃**

做数学题的时候（当然不仅限于数学科目），还有一件需要注意的事情，那就是一开始就找到哪些题可以直接放弃不做。这一点非常重要，所以我要解释一下。

现在的习题一般都会标明题目的等级，例如基础题、应用题、提高题等。提高题就是难度很大的题，大部分都会在我们刚才分类的"×"里面。这种题目在考试中应该是为那些目标分数在80分以上的学生准备的，如果还没到那个水平就可以直接放弃了。如果你还在向着平均分努力的话，那么与其花时间在提高题上，不如多花点力气把基础题和应用题做好。要知道只有能做对的题目多了，分数才能提高。不仅是平时做题，考试时也是这样的，要敢于放弃超出自己能力水平的题目，把更多自己力所能及的题目做好。

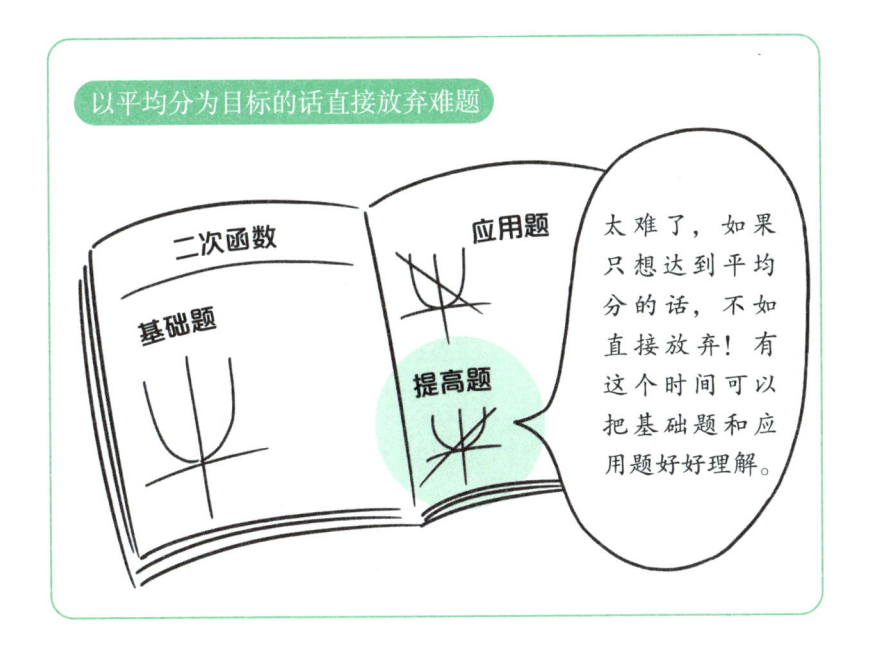

以平均分为目标的话直接放弃难题

太难了，如果只想达到平均分的话，不如直接放弃！有这个时间可以把基础题和应用题好好理解。

03 | 学英语应该从哪里着手？

◆ 从决心努力学英语那一天开始背单词

▶ 英语的两大支柱"单词"和"语法"

英语这个学科，如果单词不会就什么办法都没有了，这是大家都知道的事情，绝不能逃避现实。当然发音也很重要，不过还是要先打好单词和语法这两项基础。其中，在初中阶段学到的语法并不太多，可能英语不好的孩子不这么觉得，但真的数一下就会意外地发现其实并不如自己以为的那么多。如果能静下心来认真地背上一两个星期就肯定能背完。而对于语法是不用太担心的。相比之下，由单词的问题导致英语成绩不好的人应该会更多一些。因为一个单词而看不懂一句话的情况是很常见的。

▶ 背英语单词是每天必做的功课

想要学好英语，就要同时记语法和背单词。初中3年学到的英语单词达到约1800个。不过不要害怕，并不是所有单词都要完整背下来。有些不太常用的单词即使不记得，也不会太影响阅读和做题，必须要背下来的高频词只有约500个。只要掌握了这些比较常用的单词，读英语文章就会简单多了。

　　养成每天背单词的习惯，5个也好，3个也好，一天1个也行，在自己力所能及的范围内坚持背单词。背单词的时候可以按照教材上单词表的顺序背，也可以去书店买现成的单词手册。现在的单词手册都是按照单词的难易度从易到难排序的，只要从头开始按顺序背，自然就能先掌握那些常用单词了。

04 | 语文学习应该注意什么？

◆ 阅读题只能做一次。答案说明要认真阅读

▶ 语文题做过一次就可以"扔了"

语文和数学不一样，不能反复地做练习。与其不停地做题不如把一道题弄透彻，理解为什么这么解答，这样才更有意义。语法、汉字读写等是可以反复练习的，可阅读题做过一次就会记住答案了，所以没必要去做第二遍。

接下来，怎样才能提高语文成绩呢？

▶ 认真读答案说明比做题还重要

期中、期末考试一般都是从学校教材中出题的，所以为了考个好分数做做书上的阅读题是很有用的。但是升学考试的题目肯定是从未见过的。"写出本文表示××意思的3个字""请从4个选项中选出符合本文内容的1项"这类题很常见。不过出题文章不同答案就不一样，所以语文多做题用处不大，而是

应该做完一道题后认真阅读答案说明，弄明白为什么选这个选项，看出这种题型的出题意图，这才更重要。以后同样的题型换一篇文章，你也会做。

我建议大家在挑选语文参考书的时候，不仅要看书中的题目，也要看看后面的答案说明部分，最后再决定是否购买。

05 理科（物理、化学、生物）和文科（道德与法治、历史、地理）都应该怎么学？

> ◆ 理科的重点在于计算和实验，文科要联系相关知识点进行记忆

▶ 理科计算和实验都很重要

理科和文科都是需要记忆的科目，两者既有相同点也有不同点。首先理科不能单纯靠背，像电流、重力、密度等单元也出现了计算问题，需要反复练习。

实验多是理科最大的特点，"只动嘴不动手"肯定是不行的。不管是期中、期末考试还是升学考试，实验题都是经常考的内容。不过，仅仅知道有什么实验是不够的，这可能会变成丢分点。某个实验要做什么，通过实验能知道什么，实验的"目的""结果"，还有实验中用到的"实验器具"，都必须要掌握。以电解水实验为例，它的实验目的、实验结果和实验

器具是什么呢？只有一开始对实验有了整体的印象，才能更容易理解和记住所需的实验步骤。此外，实验注意事项也经常考到，不要遗漏。例如有些实验提示"不能把鼻孔凑到瓶口闻有刺激性气味的物体，要用手扇动少量气体以便闻气味"等，这是大家要关注的重点。考试中在实验这里犯错的人比比皆是，挺可惜的，所以想要提高理科成绩一定要重视实验哦。

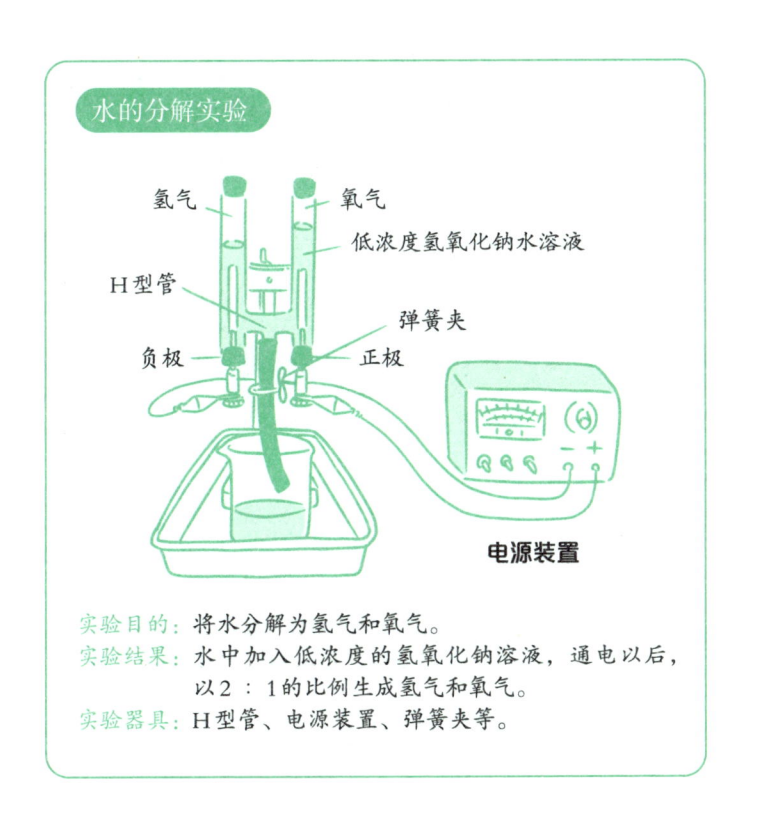

水的分解实验

氢气　氧气
低浓度氢氧化钠水溶液
H型管
弹簧夹
负极　正极
电源装置

实验目的：将水分解为氢气和氧气。
实验结果：水中加入低浓度的氢氧化钠溶液，通电以后，以2：1的比例生成氢气和氧气。
实验器具：H型管、电源装置、弹簧夹等。

▶ 文科背诵要配合做题

文科是大部分依靠记忆的学科。但如果只是原封不动地背诵教材原文，考试却不一定能考高分。

例如，你记住了"秦始皇"，可是不知道"什么习题的答案是秦始皇"，不会用怎么能得分呢？为了解决这个问题，背诵知识的时候就要配合做题。知识背下来，还能和习题联系起来，做到这一点，你的成绩一定会大幅提高。

配合做题你就能知道"秦始皇"与"吞并六国""确立中央集权制度"等知识点是相关联的。将这种关联做成思维导图的形式就容易看明白了。通过多做题，应该都能在大脑中形成类似这样的思维导图。

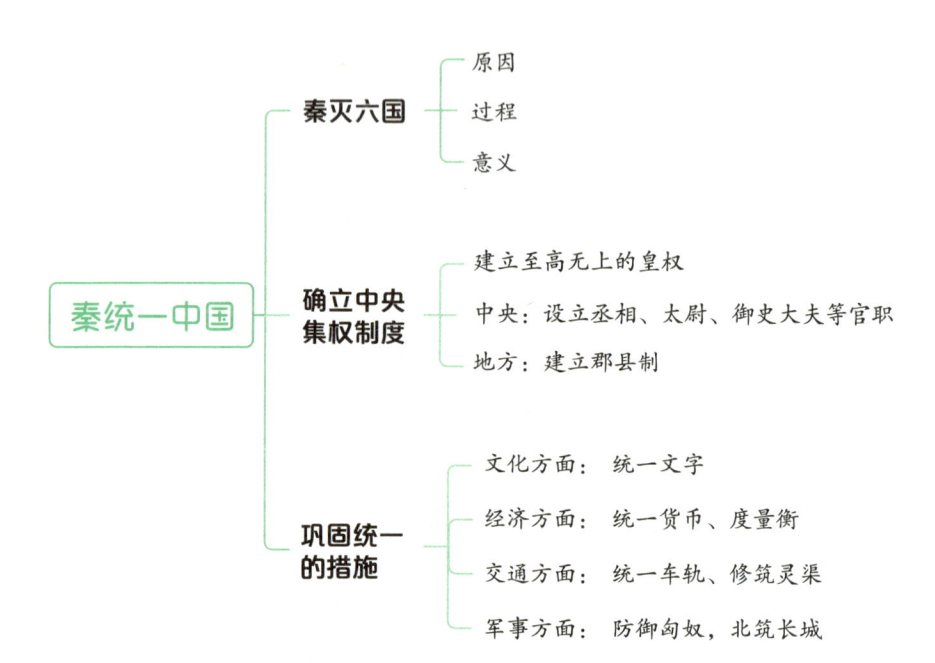

秦统一中国
- 秦灭六国
  - 原因
  - 过程
  - 意义
- 确立中央集权制度
  - 建立至高无上的皇权
  - 中央：设立丞相、太尉、御史大夫等官职
  - 地方：建立郡县制
- 巩固统一的措施
  - 文化方面：统一文字
  - 经济方面：统一货币、度量衡
  - 交通方面：统一车轨、修筑灵渠
  - 军事方面：防御匈奴，北筑长城

06 | 考试时一边做题一边用△或×做记号，方便之后做修改

◆ 可以更快完成检查和修改，也能提高考试分数

▶ 为了考试时不犯粗心大意的错误

在本书的第50页，我建议大家在做数学作业的时候最好直接放弃超难题，而去集中精力解答那些自己真的能做出来的题目。这种做法同样也适用于考试的时候。也就是说考试时要注意每道题的难易程度。具体的做法就是一边解题一边做记号。做什么记号都是可以的，我一般会用△或×。

△：虽然写了答案，但是没有把握、觉得有疑问的题。

×：觉得很难，做半天也做不出来的题。

为了考试能拿到更高分，首先就是让自己不要因为粗心大意而犯错。怎样才能避免犯错呢？我认为有两个选择，首先每一道题都多用点时间仔细思考，还有就是多留点时间以便做完

题后回过头来做检查。我更推荐后者。想要多检查几遍，就要尽可能地留出更多的剩余时间，那么快速解题的能力必不可少。这个时候做记号的方法就能派上用场了。

▶ 了解自己容易在哪些题上犯错

我想大家都应该知道自己容易在哪些题目上犯错。这样的题目就要标上△记号，相比什么记号都没有的题目，它们更需要重点检查，这样才能更有效地避免犯错。

标了×记号的难题要尽量放到后面做，这对提高做题速度也很重要。不要花太多时间在标×记号的题目上，必要时可以直接放弃。

07 考完试当天再确认一遍考题

◆ 复盘考试能够提高学习质量 ◆

▶ 做好复习的准备工作

不管学什么都要及时复习，把成果巩固下来。学校的期中、期末考试就有这样的作用，但是它们却不适合用来复习。为什么这么说呢，因为几乎所有的学校都不会在考试当天就马上把答案发下来。考完试自己都无法知道题做得对错，等答案发下来可能都一周以后了，隔了那么久题是什么可能都忘了。

好不容易考一次试，怎么才能让它有助于学习呢？这就需要考试之后做一件事。虽然不能判断对错，但是可以趁当天还有印象再确认一遍考题。如果过程中发现"这儿我如果复习到就好了"，那就要在这些地方做上记号，考试复习的效果会提升一大截。

▶ 为了下次能把题做对

"最好再复习一遍"的题应该涵盖我们前面说的考试里为了方便检查而标注△或×的题。其中标注△的题要优先于标注×的题进行，当然对于有的标注×的题，你一看答案说明可能会发现"出乎意料地简单"，所以也可以挑战一下。

还有考试中什么记号都没标注，"本以为十拿九稳没想到竟然做错了"的题也要认真复习，直到自己真的掌握为止。把每一道自己没有把握的题都认真地复习好弄明白，下次考试就肯定能做对了。

08 | 期中、期末考试和升学考试的准备，哪个应该放在优先位置上？

◆ 临近期中、期末就要以期中、期末考试为主，这对升学考试应该也有帮助

▶ **越临近升学考试，越要加大升学考试准备的力度**

从初一到初三，虽然有3年时间，但身在其中会发现时间过得很快。所以，虽然我们要认真、严肃地对待平时的学习和期中、期末考试，但是心里也应该时常装着未来的升学考试。不过由于我们用于学习的时间很有限，该怎么在有限的时间内划分出为平时的期中、期末考试而准备的时间，和为了未来的升学考试而准备的时间，还是需要一番慎重的考虑的。我的原则是，越临近升学考试，应该越加大升学考试准备的力度。

初一的时候，因为距离升学考试还有比较长时间，而且刚从小学升到初中，有很多方面需要去适应，所以在初一的时候，我们用在升学考试准备方面的时间可以相对少一些。而到

了初二，因为我们已经对初中生活比较适应，所以我们可以用更多的时间为未来的升学考试做准备。到初三的时候，不用说，我们应该时刻将升学考试的事情装在脑子里，每天也应该拨出足够的时间、根据自己的实际情况做好应对升学考试的准备。

▶ 按照已经确定的短、中、长期学习计划来准备

如果我们一直有着短、中、长期学习计划，并且一直严格按照计划实行了，那么这个问题其实并没有那么难回答——我们只需要按照学习计划去对待我们的考试准备工作就可以了。

短、中期计划一般是为即将到来的期中、期末考试服务的，而长期计划则是为升学考试服务的。如果我们平时兼顾了短、中、长期学习计划，那么当期中、期末考试来临时，即便从原本要为升学考试准备的时间中抽出一些来准备期中、期末考试，应该也不会影响到我们未来的升学考试。所以，在临近期中、期末考试时，最好能优先准备眼下的期中、期末考试。

▶ 按照已经确定的短、中、长期学习计划来准备

学习的过程是环环相扣的。如果把学习的过程比作登山，那么你的每一步都是在为最后的登顶做准备。只有前面的每一步走稳当了，后面才能顺利攀上顶峰。平时的期中、期末考试

考好了，意味着我们的阶段性学习取得了好的效果，这种情况下，未来对升学考试进行准备会更加顺畅。

而且，如果在平时的期中、期末考试中取得好成绩，我们就能有更加充足的信心面对未来的学习，这对于未来的升学考试也是只有好处、没有坏处的。

09 | 什么时候开始做历年考试题？

◆ 初三的寒假开始做就可以了，记住不要过度执着于历年考试题

▶ 初三的寒假开始做历年考试题就可以了

总被问到有没有必要做历年考试题这个问题，我的结论是大部分孩子初三的寒假再开始做就可以了，早做没有意义。历年考题涵盖了初中3年所学的全部内容，太早去做肯定很多内容还没学到。

▶ 过分执着于历年考试题反而不好

做历年考试题的一个好处是，通过做题能够大概掌握出题倾向，由此可以确定自己学习的侧重点。但过度执着于做历年考试题是很危险的。一个学校的出题风格和倾向是有可能突然发生变化的。如果对过去考试题的印象过深无法适应突然的变化，就很有可能因为紧张而失去自信，反而很不利。本来考过

的题目就不可能再考，把它当作一次练习就好了。不过因为历年考试题融合了初中3年所有的知识点，很容易让你发现自己哪里不会、哪里忘记了，这就是做历年考试题的另一个好处了。一旦发现自己不会的题就马上弄明白，这样自己的学习水平也会跟着提高。

专栏 3

想要克服对某个学科的恐惧心理，就要先去亲近这个学科

我大学念的是教育学院初等数学系数学专业。我本来数学很差，但是在高中老师的帮助下，数学变成了我擅长的科目。我有个儿子还在上幼儿园。为了培养他对数字的敏感性，我每天都会跟他玩一些启发数学思维的游戏。有时在客厅玩，有时甚至在洗澡的时候。一开始从最简单的"全部有多少"开始，如果数对了，我会大大地表扬他，孩子就会要求再来一次。我会给他出各种各样的题，然后趁他做对了很高兴的时候再给他出更难一点的。每次做错的时候他就会生气，要求再做一次。这就是让他觉得"爸爸发明的数学游戏真好玩"的秘诀。我说的游戏在那些数学不好的学生或是讨厌数字的成年人看来可能会有点无聊，可是从个人角度来说，我认为对数字敏感绝对不是一件坏事。我让儿子从亲近数字开始一点一点地接触数学，这样他以后就不会讨厌数学。大家在学习中是不是也可以试试呢？

第4章

"学习程序化"让学习过程更轻松

◆ 如果想自己每天主动学习且不感到痛苦，最好的方法是把学习看作一个程序，并变成自己的习惯。下面就介绍一些比较好的学习程序。

01 | 上课时标出回家需要复习的内容

> 上课可以集中注意力听课，回家也能马上开始学习

▶ 课上能理解的内容回家不需要复习

第一个在学校需要完成的程序（固定的顺序、动作、习惯之类）就是听课期间确定回家要复习的内容。听课的时候把"听不懂，觉得很奇怪"的地方记下来，这样回家就省事了。如果回到家以后再去想要复习什么，就会浪费很多时间。如果老师课上讲的内容都理解了，回家不复习也是可以的。当然这主要是指那些有信心不复习也能记住的内容。如果有一点不确定，就在笔记本或教科书上做上记号吧。

▶ 尽量在课堂上有意识地多学多吸收

学校的课程能够得到老师面对面的教授，这是十分重要的，比回家后自学还要重要。上课不是单纯为了记笔记，更不

能因为回家可以自学就不好好听课，而是应该在课堂上把老师讲的内容尽可能多地理解吸收。听老师讲课的同时认真地标记课后要复习的内容，这样不仅可以提高自己的专注力，还不容易犯困，好处多多。

此外，放学以后大家可能还有业余活动等，所以能够在家自己学习的时间也很有限。但是坐在学校教室里听课的45分钟或50分钟对大家都是平等的，如果能在这段时间多学到一些，日积月累下来是会让成绩有显著提高的。

02 | 课堂上预想"考试会怎么考"，带着问题听课

◆ 提前知道考试内容，还能避免犯困 ▶

▶ 认真听课就能知道

学校听课的另一个小窍门就是一边设想"××老师可能会在下次测验里出这道题"一边听课。

这有两个好处。一个是应对考试，可以预测考试中老师可能会出的题。认真听课的话就会注意到老师有时会强调"这里很重要"，其实这就是考试时容易出题的地方了。看到这种地方就要马上在笔记或教材上做上记号，写上"这里重要"，方便之后能更容易注意到，方便复习。什么样的记号都行，自己能看明白就可以了。

◀ 以游戏的感觉听课提高注意力

一边预想可能出题的内容一边听课的第二个好处就是听课

不容易犯困。当做完体育活动以后很累的时候或是中午饭吃太饱的时候，一动不动地听老师讲课是很容易犯困的。如果通过"寻找可能出题的内容"发挥自己的能动性，这样听课就不那么容易犯困了。可以把老师想象成游戏的攻略目标——"老师到底会在哪里出题，我一定要找出来"。像做游戏一样听课，听课效果一定会大大提高，慢慢地你还会了解老师的出题习惯哦。

上课的专注力提高了，知识的吸收效率也会提高，那么应对考试就变容易了，这可以说是一石二鸟甚至是一石三鸟的好方法。

03 | 不懂的题先看完答案和解题说明再去问老师

◆ 知道自己为什么不会，这样以后遇到类似的题才能做对

▶ 为了问问题能问得更具体一些

做题的时候遇到不会的题，觉得自己怎么都做不出来，最好就不要继续在上面浪费时间了。如果能直接问老师就要马上去问一下。但是，这里有个能让自己能力提高的好办法，那就是在去问老师之前自己把这道题的答案和解题说明好好看一下。做完这一步，你再去问老师就不会只能说出一句"这道题我不懂"了，而是可以说类似"解题说明的这个地方我不明白"这样的话。知道了自己哪里不会，为什么不会，那么向老师提问的时候就能问得更具体了。

自己在家做完题对答案的时候也不能只看对错，还要把错题的解题说明都看完，然后把自己不明白的地方弄明白。

▶ 只会说"我不明白"是没办法提高的

我在补习班教课的时候，学生总会问我问题。从他们不同的提问方式中，我就能知道谁能提高谁不能提高。简单来说，"老师，这道题我不明白"——这样提问的学生是很难有提高的；而"老师，这道题的这个地方为什么是这样的呢"——提出这种问题的学生是肯定会提高的。不管什么题，做不出来都是有原因的，就像机器发生故障的时候一定是哪里存在重要的缺陷一样。同样，只有找到自己不会的原因才能解决问题。如果连自己到底哪里不会都不知道，还怎么想办法解决呢？知道了自己哪个知识点有欠缺，应该就能马上找到解决办法了。

04 预习有余力再做，说到底还是要以复习为主

◆ 想更有效地提高考试分数，预习也是很有用的应试策略

▶ 复习可以让学习效率更高

"会预习的人"一定是"已经完成复习的人"，这是一个大前提。如果复习还没做好就着急去预习就是本末倒置了。而且我认为，预习不是非做不可的事情。当然如果做好预习，上课听老师讲课肯定更容易理解，但是要完全依靠自己的力量弄明白没学过的新知识也是非常困难的。相反复习的内容因为是学过的，所以可以一边回忆老师讲课的情形一边复习。预习和复习哪个才能更快速地提高考试成绩，哪个才能让学习更轻松？答案肯定是有老师支持的复习啊。

▶ 做目标学校的历年考题需要先做好预习

当真正的升学备考开始以后，必须要经常做预习了。特别是要做目标学校的历年考题。例如，在初三数学中会学到三角函数。升学考试中往往会出一道相关的应用题。历年考题中肯定也总出现这样的复杂问题。可是，三角函数是在教科书最后的单元才会学到的，在还没学到那里，连三角函数是什么都不知道的情况下，这样的题肯定是没办法做出来的。所以做历年考题之前，一定要把教材从头到尾都学习一遍，否则会很难。

05 | 需要背的内容当天至少背两次，可以的话第二天早上以及第三天还要各背一次

◆ 反复背诵可以加深记忆

▶ 4遍背诵的基础上再根据自己的情况调整

背诵英语单词或历史年号等的时候，我的建议是"需要背的内容当天至少背两次，可以的话第二天早上以及第三天还要各背一次"，即①傍晚、②睡前、③第二天早上、④第三天任意时间，合计4遍。同样的内容通过4遍反复记忆，应该可以记得很好，也可以减少之后的复习量。还没有形成自己的背诵习惯的人一定按照我说的背上4遍试试，尝试后再根据实际情况进行调整——"我好像背3遍就可以了""我可能需要背上5遍才行"等。用自己最终确定的方式去背诵，相信大家都能找到"以这个节奏背东西我就不会忘"的感觉。

▶ 程序要尽量简单

养成每天背诵的习惯，能力肯定会跟着提高。但是与锻炼身体和减肥一样，要养成习惯很不容易。这里就有一个关键点，那就是程序本身要尽量简单。就像前面说的重复4遍的背诵方法一样，后面我要提到的"广告时间背诵法"也是很容易做到的，因此更容易形成习惯。

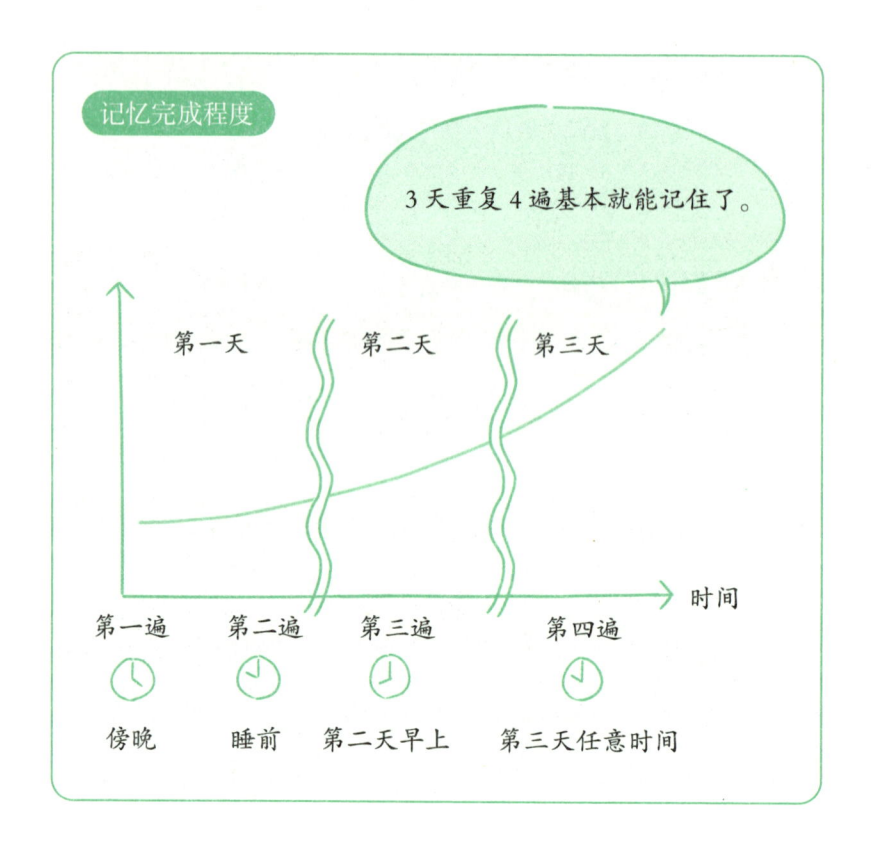

记忆完成程度

3天重复4遍基本就能记住了。

第一天　第二天　第三天

时间

第一遍	第二遍	第三遍	第四遍
傍晚	睡前	第二天早上	第三天任意时间

06 生活中也需要有不用坐在书桌前的轻松的学习时间

◆ 状态不好的日子也能够学习

▶ 每次电视广告时间的记忆作业

我前面说过最好不要让自己有完全不学习的日子。在本章我希望大家能够学会活用碎片时间。我经常跟学生说，"看电视的时候每到广告时间就想想英语单词"，这是谁都能简单做到的活用碎片时间的方法。如果你背20个英语单词，其中大概会有两个是比较难记的，就是你明明记得"它好像是在那一页的右上角"却"怎么背都背不下来的"那种。你可以在每次广告时间回想一下它们是什么。例如，"啊，原来那是interesting，意思是有趣的"。像这样回想背过的单词其实也算是学习，并不是必须坐到书桌前才叫学习。同样是背单词，这比"坐在书桌前每个单词写10遍"要容易多了。

▶ 使之变成一种生活习惯

学习需要坐到书桌前，但是轻松的学习就没这个限制，什么场合都可以。例如，突然有急事必须外出的时候，路上的时间就可以背点什么。每天刷牙的时间或洗澡的时间也可以利用起来。背过的东西回想次数越多记得越牢。

最后，让"××时间我可以背××"变成每天的生活习惯，效果就更好了，你会变成一有时间就能想到学习的人。

07 | 教科书上的内容学完后一定要做练习

◆ 杜绝"好像学会了",学习要扎实

▶ 只有自己做对过一次,才能避免模糊记忆

教材学习的铁的原则是"一定要配合做题"。不管学完什么知识,马上做相关的练习才能让知识巩固下来。特别是数学,教材上知识点说明后面一般都有例题,还有解题过程。只是用眼睛看,不真的做一做,觉得自己"好像会了",可是之后遇到类似问题的时候就可能会发现记不清解题方法,很难顺利做出来。为了杜绝这样的情况,必须养成学完后马上配合做题的习惯。我前面说过每天放学回家都要复习当天在学校所学的内容,如果配合相关练习,效果会倍增。

分解公因式

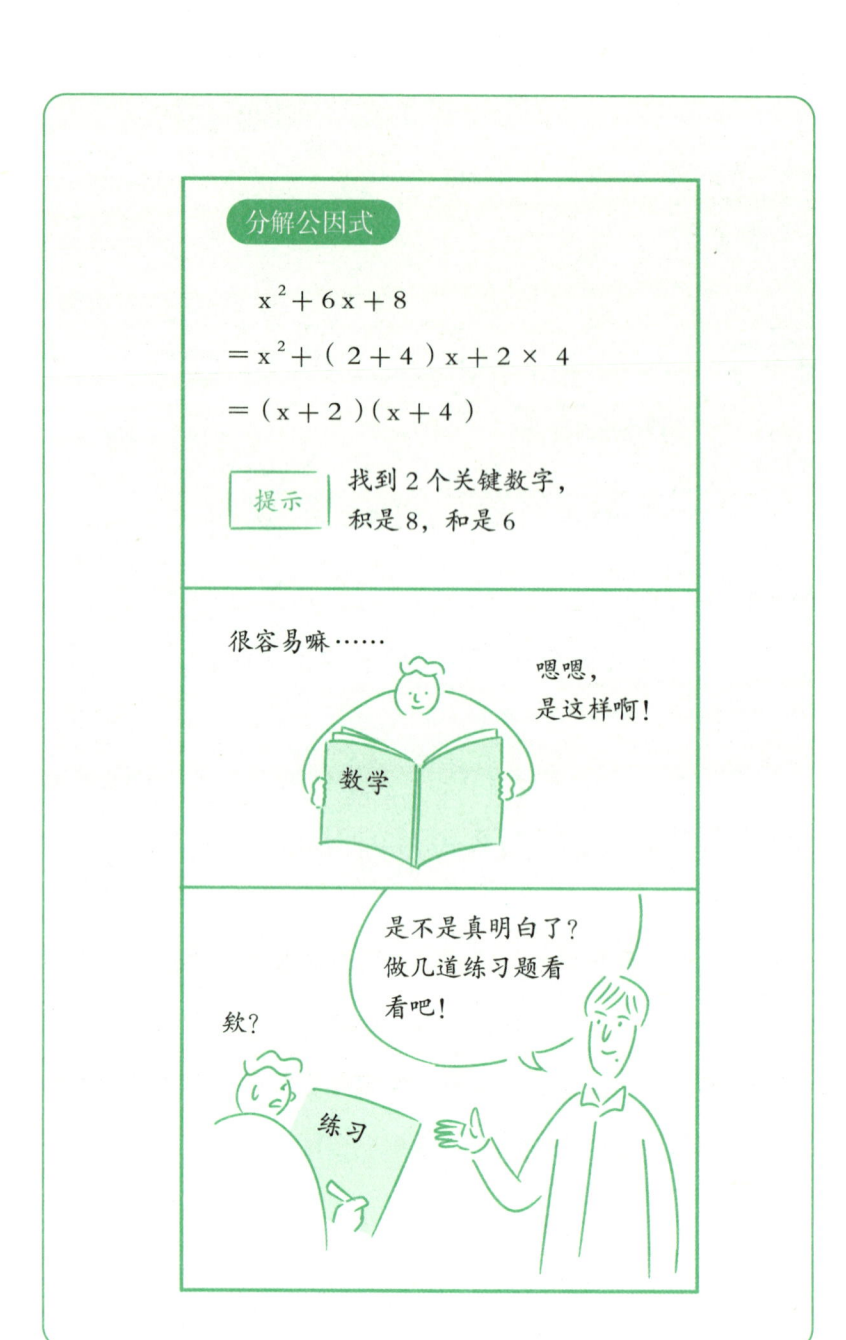

$x^2 + 6x + 8$
$= x^2 + (2+4)x + 2 \times 4$
$= (x+2)(x+4)$

提示 找到2个关键数字，积是8，和是6

很容易嘛……

嗯嗯，是这样啊！

数学

是不是真明白了？做几道练习题看看吧！

欸？

练习

08 做完作业一定要马上对答案

◆ 不留时间间隔可以掌握得更扎实

▶ 对答案不是简单地判对错

前面介绍了教材学习要配合做题，此外还应该做的一项工作就是对答案。对答案不是简单地打个√或×就行了，而是确认自己觉得有问题的地方和自己做错的地方。仔细阅读答案说明，让自己真的掌握这些知识，明白题该怎么做。做完题最好马上对答案，间隔时间越短越好。如果题做完了就停下来，晚饭以后或是洗完澡以后再对答案的话就太可惜了。为什么这么说呢？因为隔了一个小时你可能就忘记做题的时候自己是怎么想的了，那么对答案就变成了单纯的判对错。这个时候再读错题的解题说明，就很难产生"原来应该这样考虑啊"的深刻感受，只能流于表面了。

结合阅读解题说明直到理解为止

step1 读教材、参考书

step2 做练习题

step3 马上对答案和读解题说明

原来如此……

09 | 记笔记时需要注意什么？

◆ 笔记是为自己以后准备的，要注重个性

▶ 记笔记要有规矩，可以活用插图等

虽然有时候记笔记是老师的要求，但是基本上所有人的笔记都不是给别人看的，而是给自己以后复习用的。记笔记的时候要想着如何能让自己以后看到这个笔记时有学习的欲望。另外，笔记便于以后复习是最重要的，也就是说笔记的可检索性要高，要能够让自己马上找到想复习的地方。为了方便检索，关键是先确定好记笔记的规矩，例如"每次笔记的题目、标题都记在页面的左上角的相同位置上"等。把笔记的题目都写在页面的左上角是不是就容易找到想找的内容呢？一般的书、教材也都是把题目和索引放在相同的位置上，记笔记的时候大家可以想象自己在做一本书。我自己就会把题目固定到页面左上角，这样之后翻笔记的时候题目就总出现在相同的地方。如果笔记记到页面一半就结束了，下个标题要从新的一页开始记。笔记可以按单元记，也可以按课记，选自己喜欢的形式就好。

记好笔记的要点

信息量	单纯的多	不如	容易查找，检索性高
字	漂亮整齐	不如	有规矩
颜色	颜色多	不如	颜色有意义
留白	少	不如	多
板书	原封不动抄写	不如	找到容易考的地方记下来

◀ 使用插图和记号

记笔记有个窍门，那就是除了文字信息外，还可以适当配上插图、记号和注释。例如，上课时老师特别强调的地方，记笔记的时候就可以在对应的地方加个注释。我的学生里有的人对我说"老师强调的地方我都注释了，可是考试还是错了"，甚至有的学生连注释的地方都背下来了。虽然不是绝对，但笔记记得好的学生中成绩好的肯定更多。

日本曾经有一本畅销书《考上东大的学生的笔记一定很漂亮》（东大指日本东京大学）。这里漂亮不是指字好看，而是指他们的笔记记得很有规矩，整体看起来很好看。下面总结了一些可以尝试的记笔记的方法，请大家参考。

记笔记要有规矩

2021 年 4 月 记笔记要有自己的规矩

Date　　/　　/　　　　　　　　　　　　　　　　No.

▶ **关于大标题**
- 笔记左上角写日期和单元名
- 每个大标题都要另起一页

　　　　　　← 这是小标题

▶ **关于小标题**
- 用标记（◆）作划分

▶ **关于颜色数量**
- 黑、红/蓝、荧光笔，4 种颜色以内
- 赋予每种颜色不同的意义

例
红：需要背下来的重要内容
蓝：括号、线条等
荧光笔：下划线

▶ **关于留白**
- 用于以后添加信息，要多留一些

▶ **其他**
- 复杂的图表可以复印再贴上去
- 除老师板书以外自己觉得有用的信息，可以加注释或者用图记下来

（这是大标题）

（这里重要!）

10 记"自学笔记"

◆ 可以更有效地复习，看到自己的学习成果也会更加自信

▶ 自学笔记把学习成果都汇总到一起，可以获得成就感

除了在学校上课会记笔记，在家自学也会用到笔记。我推荐两种笔记，第一种就是自学笔记。它是在家做作业、自学的时候用的笔记。这里也有一些记笔记的窍门。首先，如果没有特殊的要求和理由，自学笔记不用分科，全记在一个本子上就好。然后，在笔记本每一页固定的地方，例如靠左的位置画一条竖线，用来标记日期和每天作业的页数。这样做自学笔记的一个好处是各种信息一眼就能看到，方便自己复习；另一个好处是一本自学笔记写满以后，每次翻看都会有满满的成就感，会增加自信心，还有提高学习积极性的效果。

如果是小学生，我希望家长给他用一个薄一点的本子做自

学笔记，然后每记完一本都要给予孩子大大的表扬。

考试前一天，把自己迄今为止的自学笔记都拿出来，告诉自己"我学了这么多肯定没问题的"，提高自我认同感，让自己更加自信。

自学笔记的使用方法和窍门

所有科目都记到一个本子上，这样更容易真实感受自己的学习量。

记完的自学笔记越多，成就感越强，也越自信。

11 制作"错题笔记"

◆ 制作自己的最强原创教材

▶ 收录错题的笔记本

在自学笔记之后我推荐的另一种笔记就是专门收录错题的错题笔记。每天坚持记录错题，最终就会形成一本自己独创的教材，以后一定会发挥大作用。如果有手机或是平板电脑，可以把错题拍下来，然后用自己习惯的分类方式保存在一个文件夹中，这和错题笔记是一样的。其实后面这种方式没准更容易做，毕竟作业本上有错题的话因为背面还有内容就不能直接剪下来，抄一遍也很费事。错题的答案要放在看不见的地方或是另一页上，这样复习的时候就可以只看到问题。做对过几次的题就可以标上"OK"之类的记号，告诉自己不用再做了，这样会很有成就感。这也是让自己重视"不会做的题"，并把错题笔记的价值最大化的方法之一。复习的时候看到"从前自己连这样的题都不会做"，记得表扬一下现在的自己哦。

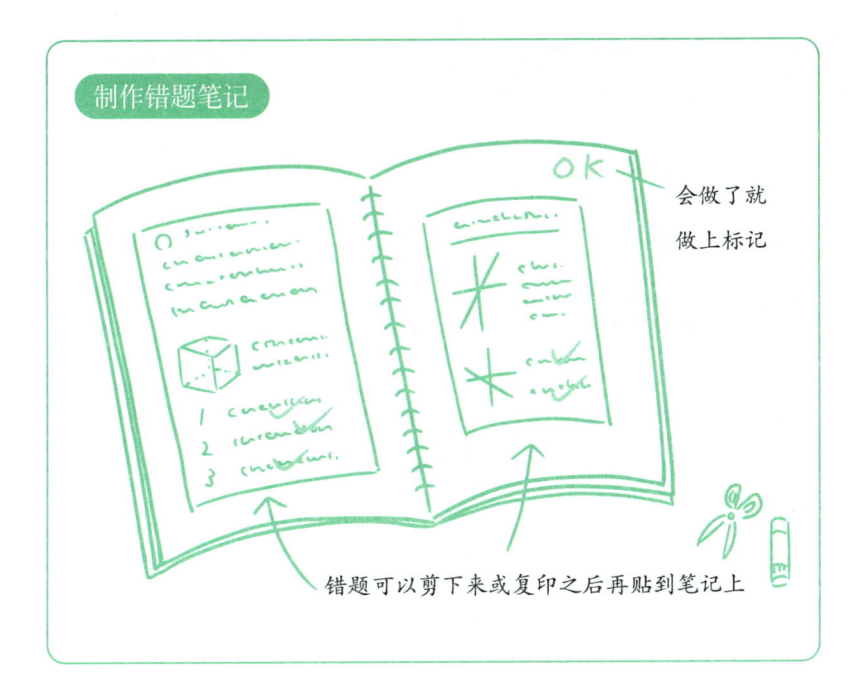

第 4 章 "学习程序化"让学习过程更轻松

制作错题笔记

会做了就做上标记

错题可以剪下来或复印之后再贴到笔记上

12 | 原则上笔记中只用基础的红、蓝、黑 3 种颜色

◆ 为了让重要的地方能被一眼注意到

▶ 颜色多了反而不容易看到重点

平时你的笔记里会用几种颜色呢？

我认为 3 种颜色最好，有红、蓝、黑 3 种颜色的圆珠笔和铅笔就足够了。此外，还可以再有一支荧光笔用于给重要的地方做标记。之所以要用不同颜色的笔做笔记，是为了标出"重要的地方""关键词""需要背的地方"等不同内容。每种颜色要有自己的意义，可是颜色太多，就很容易忘记它们的意义了。如果有五六种颜色的话，你是否还能记得"绿色是什么意思""黄色是什么意思"？而且一打开笔记，满眼都是各种颜色的话，你也很难找到重要的内容。因此，记笔记的基本原则是颜色不要太多，以便让每种颜色都很突出。

▶ 什么内容用红色，什么内容用蓝色呢？

我是这么分的。

红色：用于记录重要的知识点。关键词、需要背的地方也都用红色。

蓝色：觉得考试有可能考或是老师说了"考试会考"的内容。

通过区分颜色，就能让复习变简单，所以要尽量用简单的颜色区分，让笔记更清楚明了。不过说到底用什么颜色还是要按照自己的喜好来。

13 | 以教授他人知识的方式进行知识输出

◆ 在头脑中做知识梳理，加深记忆

▶ 不能一味地输入，知识输出也很重要

背诵和其他学习方式都是知识向自身的输入，做作业、做考试题则是知识的输出，两者都非常重要。只有在知识输出时才能知道自己到底学得扎实不扎实。最简单的知识输出方式就是做作业，除此之外还有个办法就是"教别人"。能够"教别人"说明相关知识自己已经完全理解了，而且还在头脑中梳理过了，否则是没办法教人的，因此这是确认自己学习效果的有效方法。

但是，真实生活中很难有机会去教别人。我自己经常会在家"假装上课"进行知识输出，教授的对象是谁都可以。模拟自己在给人上课，把自己学过的内容大声地讲出来。

第 4 章
"学习程序化"让学习过程更轻松

给别人讲课加深自己的理解

叶子的结构和作用

① 这个单元的知识要点
② 容易错的地方

爸爸　妈妈

一开始，不知道怎么给别人上课，可以先从模仿老师上课开始。讲课时主要关注以下两点：①单元的知识要点是什么？②哪里容易出错？把握好这两点，基本就能把课上好了。

093

专栏 4

计划表可以是纸质的，也可以是电子的

我备考的时候，会在活页本上拉一个简单的计划清单。写在活页本上是因为可以随时撕下来贴到面前的墙上，这样当你坐在书桌前的时候，即使不愿意也能看到它。如果写在笔记本里，那么要看到还要多一个"打开"的步骤，就很容易忘记，也有可能在"有点不想看"心理的作用下故意忽略它。如果经常用手机的话，也可以用便签纸做一个简单的计划表贴在手机壳上。

说到手机，现在有很多可以轻松制订计划的应用程序，大家可以试试哦。

有手机或平板的话

学习 中学 查找

可以找到很多免费的用于日程管理或背诵的应用程序。

第5章

制胜妙招,提高"专注力"

◆ "如果能更专注于学习……"有这种烦恼的初中生应该很多。本章我会传授提高专注力的秘诀,彻底解决大家的烦恼。

01 | 自主学习的基本原则是"分段学习法"

◆ 分成若干小目标，专注于眼前的学习任务

▶ 学习时间也要分段，注意休息

对自己有时没有办法集中精力学习而感到烦恼，有可能是因为你的目标定得太大了。"这个必须要做"，"那个也必须要做"，紧张焦虑，不管不顾一味想着努力，其实很难长时间保持专注。想要提高专注力，我建议不要一次学太长时间，分时段安排学习，中间加入适当的休息，然后给每段时间确定一个小的目标，这就是"分段学习法"。自主学习要和在学校上课一样，中间要有小休息。

▶ 现在自己的专注程度如何？

前面说过学习不要看时间，而要根据学习量来合理安排。确定"这一小时我要完成多少"的目标以后，有的孩子就会像

做游戏一样挑战目标，专注力自然也会提高。现在试着评估一下自己的专注力，确定一个适合自己的学习时间。假设每15分钟休息一次，那么能在这15分钟里保持高度专注就可以了，每次完成一个简单的课题或类似的内容就好。

另外，专注力也与当天的状态有关。累的时候，情绪低落的时候，可以把每一段学习的时间设定得再短一点，让自己一点一点地学。

▶ 终点越远越难专注

我给大家举个具体点的例子。如果一天要学习3个小时，那么可以把这3小时分成3段，每段1个小时。每个小时中间要有休息时间，但是休息时间不能太长，否则就很难找回学习状态了，5分钟、10分钟左右是比较理想的。3个小时的学习可以选择分配到放学回家之后1个小时，晚饭后1个小时，洗完澡后1个小时。这里为了方便大家理解，我都用了"1个小时"这种说法，可是为了学习任务的完整性，还是更应该用学习量来作为衡量标准，所以准确的说法应该是"1个小时左右可以完成的学习量"。首先确定1个小时左右的时间自己可以完成的学习目标，如"数学作业大概能做完4页"等，然后努力完成。如果1个小时没做完，那么就算延长点时间也要把任务完成。这样慢慢地就能掌握自己1个小时能够完成多少学习量了。

一口气学习3小时，学习量是非常大的。对于一个人来说，终点太远很难一直保持高度专注，可能终点还没到就放弃了，"有点累了看会儿手机吧"。但是如果将目标设定为"数学作业做2页"，即使刚做完1页就有点累了，也会想着"就剩1页了"，然后向着近在眼前的终点继续努力。

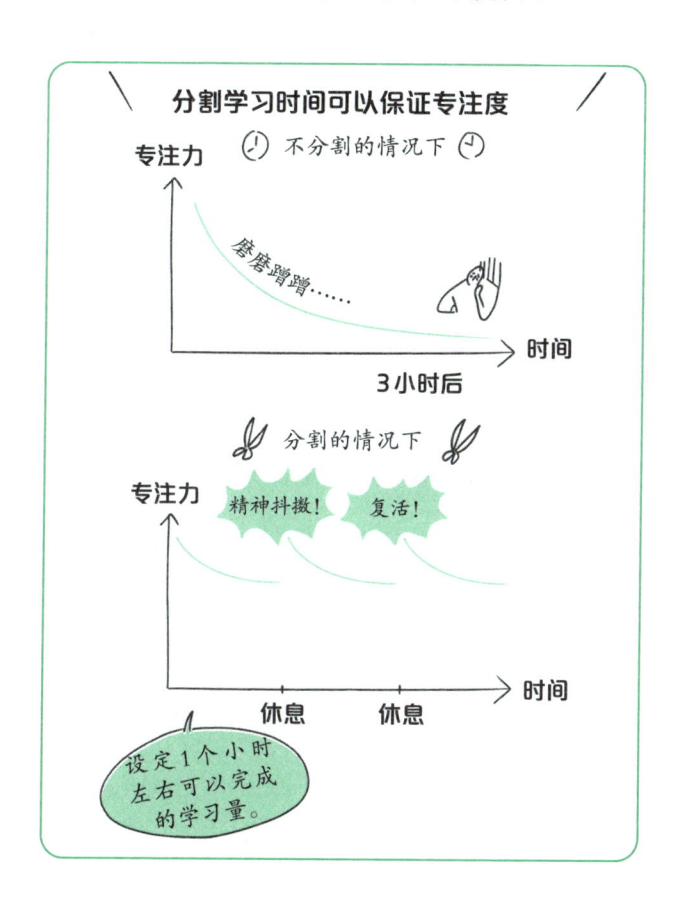

分割学习时间可以保证专注度

不分割的情况下

专注力

磨磨蹭蹭……

3小时后 → 时间

分割的情况下

专注力

精神抖擞！ 复活！

休息 休息 → 时间

设定1个小时左右可以完成的学习量。

02 握笔的手和另一只手一起把问题围在中间

◆ 这样解题会更快

▶ 另一只手也要放在桌面上

小学时老师肯定说过类似"学习的时候握笔的手和另一手（右手握笔的话就是左手）都要放在桌面上"的话吧。这是为了让学生能够掌握正确的写字姿势，但实际上这个姿势也非常有利于集中注意力。当你的专注力下降、大脑疲劳的时候，是不是姿势也变得懒洋洋呢？一不注意身体就歪了，屁股就滑到椅子边了。可你知不知道这对你的学习也会有很坏的影响呢？

我们试着用两只手将现在正在做的题围在中间，你会发现注意力更集中了，解题速度也变快了。至于怎么围，就是把题放在没有握笔的那只手的食指和拇指中间就行了。为什么这个姿势会使我们更容易专注呢？因为在做这个姿势的时候身体自然会坐正，视线焦点也会放在习题上。我在补习班上课的时候也让学生用过这个方法，大家照做以后自然就不怎么聊天了，解题也变快了。所以要想提高专注力，姿势正确很重要。这个姿势能让你自然而然地采用正确的坐姿，所以大家一定要试试。

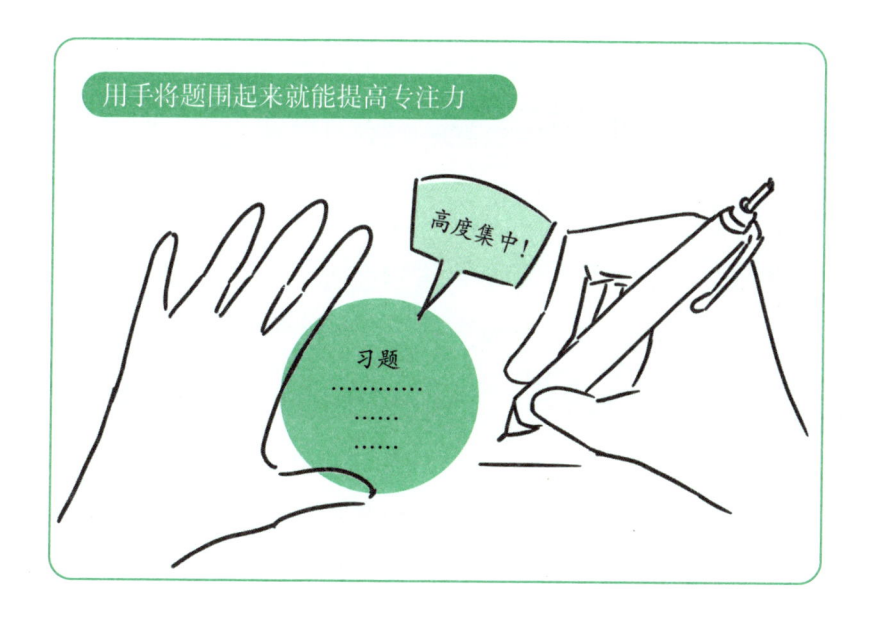

> **用手将题围起来就能提高专注力**
>
> 高度集中！
>
> 习题

03 | 把书桌附近可见范围内所有具有诱惑力的物品都拿走

◆ 避免不知不觉中注意力被分散

▶ **需要关注可见范围内都有什么**

自主学习时首先要检查学习场所和环境是否有利于学习。现在你的书桌附近是什么样的状态呢？我并不是让你单纯地"把学习的房间收拾干净"，而是告诉你为了专注地学习必须要注意可见范围内都有什么。简单地说就是为了不分散注意力，学习期间绝对不能看见对自己有诱惑力的东西。我们先从整理学习环境开始。有的孩子可能觉得漫画书、杂志什么的放在那儿也没关系，"反正我学习的时候也不会看"，可是不小心看到它们的时候还是有可能会走一下神，也会影响学习的专注度。还有的学生会在墙上贴偶像或动漫的海报，这些也同样会分散注意力。如果习惯了学习中间看一下激励自己，让自己获得力量还好，但如果让自己产生"好想看DVD啊"这样的

看看自己可见范围内有下述哪些物品？

学习环境中诱惑物排查清单

☐ 漫画、杂志、小说等
☐ 手机、平板、电脑
☐ 游戏机
☐ 电视机
☐ 课外读物
☐ 海报
☐ 零食
☐ 其他科的参考书
☐ 床（在自己卧室学习是很困难的！）

想法，想到了学习以外的事情，那就妨碍到学习了。即使贴到背后那面墙上正面看不见也不行，因为自己还是会意识到背后有什么。

学习时一旦发现自己被什么东西分散了注意力，就要马上排除诱惑，将它放到自己看不到的地方去。

04 | 桌面上除了正在用的参考书以外什么都不放

◆ 避免焦虑、不安影响专注度

▶ **有些学习工具也会影响学习**

我前面说了不要让可见范围内多余的东西影响学习。可你知道吗,"现在正在学的科目以外的参考书"也会影响学习专注度,所以它们也要放到自己看不到的地方,例如自己背后的书架上。为什么呢?它们不也是学习工具吗?它们是学习的工具,但是它们和"现在的学习"无关。比如你在学英语的时候,一下看到了数学参考书,想到"自己数学也必须要学啊",注意力就被干扰了。当然每个人的情况不同,如果你会因为看到别的什么突然变得不安,思绪飘到别处,那就要把所有目前用不到的东西放到自己看不见的地方。

▶ 书桌越整洁，注意力越容易集中

首先明确目的"现在你为了要做什么而收拾桌子"。如果要学英语，那就只拿出与英语相关的参考书，然后让自己专注于英语学习。即使英语学完要接着学数学，也要记住只能等英语学完，真要开始学习数学的时候，再把数学参考书拿出来。有的孩子会说"桌面堆满东西乱乱的才能让我更专心"，我希望你们一定要确认下这些东西是不是真的不会分散你的注意力。原则上说，应该是书桌越整洁，注意力越容易集中。

虽然道理如上所述，可我的书桌上现在也杂乱无章地堆满了书稿、摄影器材、参考书……

05 选择能让自己静心的方向和场所摆放书桌

◆ 营造自己觉得最舒服的学习环境

▶ 在不能掌控的空间中会感到不安

以前我有个学生每个月都要改变一下房间的家具摆设。他说总是一个样他就待烦了。知道自己想要什么后改变才有意义,我认为这个学生是发现了"厌烦会让自己专注度下降"后才想要改变的,实际上他真的是个非常会学习的孩子。如果现在你的房间不是自己喜欢的样子,那不如试试根据心意改变一下书桌的摆放方向或摆放地点。比如,书桌一般都是紧靠着墙或窗户的,可有人会觉得椅子靠墙、书桌对着房间正中间更让人有安全感。就像在饭店吃饭,大家更喜欢角落里的桌子一样。同样的道理,背后大片看不见的空间会让有的孩子感觉到焦虑。特别是自我认同感低、容易感到不安的孩子,他们会很在意背后"自己无法掌控的空间",自然难以专注于学习。

不同位置的感觉好坏与专注度有很大关系，调整书桌的时候一定要多试试。另外不动书桌也可以有其他的方法让自己专注度更高，比如"在房间的角落背东西"等，大家可以根据自己的情况找到适合自己的方法。

有时书桌更适合面向房间中央

书桌面向房间中央

后背靠墙更安心

背后是空的总有点慌慌不安

墙　　　　　　　　　墙　　　　　不安　不安

06 根据当天的状态决定是否在客厅学习

◆ 看状态，换个心情学习

▶ 偶尔可以在与平常截然不同的环境中学习

前面我们已经将书桌附近所有的诱惑物都移走了。客厅则完全不同，里面充满各种诱惑，我们偶尔也可以试试在客厅学习。当然对于从来没有在客厅学习过的人，我是不建议这么做的。

自己在房间里学习其实是很孤独的，如果你在小学时就习惯了在客厅写作业的话，那么在客厅学习可能会让你更有安全感。我就是这样的。客厅里有妈妈在做事情，周围各种各样的东西很多，可能电视还开着。如果你可以把这些嘈杂的环境音当作空气一样的存在，那么你就可以不受任何影响地专注于学习。在咖啡馆学习或工作也有差不多的感觉。

▶ 在客厅学习的条件

对我来说背诵是一定要在自己房间进行的，作业大多在客厅做，但这也不是绝对的。有时看心情也会在客厅背英语单词。如果背一会儿总是记不住，就再回自己房间。

在哪儿学习跟自己当天的状态有很大关系。有时让家人把电视声音调小一点配合自己一下是可以的。可如果因为觉得吵就跟家人发脾气，大喊"太吵了安静一点"，那就说明自己已经比较烦躁了，这种状态是不适合在客厅学习的。开着电视学习很容易受到影响，需要注意。如果只是在意声音，可以准备一副耳塞。

07 | 太困的时候不如干脆小睡 15 分钟

◆ 勉强继续学习效率会很低 ◆

▶ 先确定一道小睡后要做的题

学习时如果实在太困就不要勉强了，干脆小睡一会儿，因为在困的时候学习效率是很低的。一般来说小睡 15 分钟左右就可以了，时间再长就进入深度睡眠了，反而很难清醒过来。小睡 15 分钟后最好能马上找回学习状态，所以睡前可以先选好一道睡醒后要做的题，这样小睡后就能马上开始做题了。当然也可以考一下睡前背过的英语单词。

小睡按自己喜欢的方式就行了。有人躺在沙发上会睡得很沉，所以就选择在桌子上趴一会儿。我觉得趴桌上睡觉会压迫胸腔，让自己很难受，所以都是躺在沙发上小睡的。如果身体太累了，睡醒后也会很快再犯困，这时不要勉强，可以让自己多睡几次。

▶ 通过练习可以做到 15 分钟左右自然醒

  我本来是那种一睡就睡几个小时的人，通过练习才掌握了 15 分钟小睡的能力。刚开始在小睡前我要定好 15 分钟的闹钟，然后慢慢地让自己习惯这个时间。大概一个半月后基本就能实现 15 分钟一到我就自然醒了。一开始的时候即使定了闹钟想要醒过来也很费劲，现在不定闹钟 15 分钟左右我也会自己醒过来。成年以后，这种能力在工作中也很有用。这是我认为大家从现在开始就要练习掌握的技能之一，大家一定要试试看。

08 | 学习期间手机关机或者调成静音

◆ 忽略手机，不被手机影响

▶ 不要把手机放在自己看得见的地方

现在90%的高中生都有手机，初中生里有手机的人也超过了50%。经常有家长会跟我咨询孩子学习期间总看手机的问题，大家都想知道"我家孩子每天总是玩手机怎么办"。

其实大人也一样，手机放在桌子上就会经常注意到它，即便静音了，有推送消息、屏幕亮起的时候也绝对会看一眼。就算强忍着不去看，可注意力却早已经飘到了手机上。如果真的想要专注于学习，学习时就不要把手机放在能看到的地方，而且还要静音，最好关机。这个原则一定要遵守。

最近好像很多孩子都有一种无形的压力，就是"好朋友发的消息不能不马上回复"。如果是真正的朋友，开始学习前可以先互相发消息告知一声，例如"现在我要开始集中注意力学习啦""我要学习了手机先静音啦""加油"等。这是比较理想的做法。

▶ 规定好休息时玩手机的时间

学习中间休息时当然是可以玩手机的，只不过需要规定玩手机的时间。要做到这一点其实很难，所以有人宁可不碰手机。如果能做到只是发发信息或是上个网，大概玩个5分钟是没关系的。对于我来说，看短视频看到一半想要停下来都是很难的，因此在学习中间的休息时间尽量不要看无关的短视频。

09 | 只有复习的时候可以边听音乐边学习

◆ 音乐只用来转换心情，这样才能不降低学习效率

▶ 注意力放在学习上还是音乐上呢？

每次有人问我"可以边听音乐边学习吗"，我都会回答"最好不要这么做"。边听音乐边学习肯定会影响学习效率。原本专注于学习的一部分脑细胞会被用来听音乐，特别是有歌词的音乐，大脑总会不经意间捕捉这些歌词。偶尔有学生会跟我说"我听音乐时更容易集中注意力"，我想他可能没有发现，自己的注意力放在了音乐上而不是学习上。我在补习班教课的时候曾经让学生配合我做过一个试验：我给他们的任务是"背15个英语单词"，然后看看他们在听音乐和不听音乐的情况下的完成度怎样。试验结果是：大多数孩子都是在不听音乐的时候效率更高。

▶ 做新题的时候以及背诵的时候不适合听音乐

并不是说绝对不可以边听音乐边学习。这里有一个条件，只有复习的时候可以同时听音乐，因为复习的内容都是曾经学过的知识，例如，检查自己前一天做的数学题记没记住等。这种学习不需要那么高的专注度，所以一边听音乐放松一边做也没关系。但是，做新题的时候或是需要背什么东西的时候，这样做就不行了。本来10分钟左右就能做完的事情，边听音乐边做可能要花上30分钟——那还不如先集中精力用10分钟完成作业，剩下的20分钟再轻松地听听音乐。

10 重视睡眠和饮食

◆ 做好健康管理，这是专注力的基础

▶ 绝对不能缩减睡眠时间

做好自身的健康管理才能更专注于学习。我认为最重要的健康管理法就是"睡好！""吃好！"。这往往是想努力学习的时候容易忽视的两点。

制订学习计划的时候如果时间不够用，大家最先想到的是不是缩减睡眠时间呢？绝对不要这么做。因为睡眠不足，专注力和学习效率肯定会大大降低。我在大学入学备考的时候，每天的睡眠时间只有两三个小时，在那种状态下学习效率真的非常低。白天总是发呆，前一天学了什么也记不住，最后身体都出了问题。因此，制订学习计划一定要以"保证睡眠时间"为前提。生活有规律，学习专注度也会更好，所以最好按时睡觉和起床。

▶ 重视饮食，为学习提供能量

吃也是很重要的一件事。有学生为了学习就不吃饭了，那绝对不行。为了让自己能够专注于学习，一定要及时补充所需的能量。像节食减肥这种极端的减肥方法，会导致注意力下降。因为身体得不到必要的营养，大脑也运转不起来。

确定一个自己专属的加油餐，这也是提高学习动力的小秘诀。我最喜欢吃妈妈做的炸牛肉薯饼，每次考试前都要吃，作为对自己的激励。虽然它很油不好消化，但是我吃惯了，而且觉得它能给自己加油，所以没关系。但如果是没怎么吃过的东西，或者是像生鱼片之类吃了容易拉肚子的食物，以防万一，考试前最好还是不要吃。

11 | 文具盒里只留下最好用的文具

◆ 不要把时间浪费在找笔上面，要更专注于学习

▶ **不要让文具盒分散学习注意力**

我经常说"文具盒要买丑的"。此外，文具盒里面也只装最好用的文具。这同样可以避免影响学习专注度。有的孩子往文具盒里放一堆五颜六色的笔，那么学习时想要找到某个文具一定会花很多时间。虽然时间不多，但是这几秒钟的学习时间也是浪费了，而且还打断了自己的学习状态。真的从学习的角度出发的话，文具盒里有自动笔、橡皮，再加上一支三色或四色的圆珠笔就足够了。如果觉得不够，还可以再放一两支荧光笔。这样给文具盒瘦身以后，想要用什么应该就能一下子拿到了。

我当补习班老师的时候有时会帮学生整理文具盒，挨个问他们"这个，需要还是不需要"，根据他们的取舍最后留下

必要的文具。大家的文具盒里一定也要只留自己真正需要的文具。

▶ 文具要选自己喜欢的

我迄今为止见过很多很多学生，给我的印象是重视文具的人里面成绩好的更多。重视文具并不是说要购买昂贵的文具，而是他们会在价格各异的文具中找到适合自己的。买文具的时候要选自己觉得好用的，自己感觉好的。有时爸爸妈妈可能会给你买一些很好的文具，但我觉得亲自挑选这一点更重要。

不要小看文具，虽然文具是学习中很小的一件事，但是它就像是学习的开关一样，作用出乎意料地大呢。

专栏 5

叶一爱用的文具

这里介绍一下我自己爱用的文具。①高中一直用的自动铅笔。我很喜欢它晃动就能出笔芯的功能，而且出来的笔芯的长短也合适，所以那时一直用它。另外我还有个用自动铅笔的小窍门：用力写字手会容易累，把笔芯换成B、2B、3B颜色比较深的，就可以不用使那么大的劲了。②橡皮。最开始是因为便宜才买的，用过以后觉得擦得很干净，而且还不容易断。③可以让书立起来的书架也是我的宝贝。

① 自动铅笔

② 橡皮

③ 书架

书架占地方小，不容易翻。书立起来以后，自己和书之间就形成了一个闭合空间，更容易专注于学习。

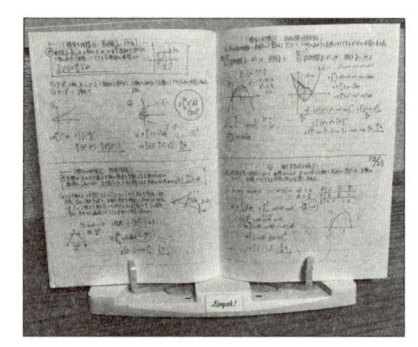

第6章

让"决心和自信"化为力量

◆ 想要提高学习积极性，决心和自信必不可少，那么决心和自信又来源于何处呢？

01 从简单的问题开始积累解题的成功经验

◆ 快乐学习，坚定决心，提高自信 ▶

▶ 把握好"稍微努力就能做到"的度，最能感受学习的快乐。

　　我很喜欢玩游戏，可是不太愿意玩那种怎么都玩不过去的很难的游戏。玩游戏最能够让人感到愉悦的地方就在于"有可能过也有可能不过的微妙感，虽然有难度，但是努努力好像也能通过"。实际上，学习也是一样的。"这道题我能做出来"其实是一种很开心的感受。所以想要学习变快乐，最好多多积累成功的解题经验。我身边的一些聪明人学习时都是从"会做的题"开始的。不要一开始就去挑战难题，而是要从简单的基础问题开始做起。如果刚开始学习就碰到难题，学习的决心就会动摇，所以最初的5分钟、10分钟应该做一些自己能够做得又快又好的题，就像是正式运动前的热身运动一样。等做好学习热身以后再去挑战难题吧。

▶ 好的学习成果也会让学习变快乐

重视自己的直觉。如果某天感觉"今天我好像可以背点什么"，那就先背5分钟英语单词试试看。如果进行得很顺利，那就保持状态继续下去，这一天后面的学习也会很轻松。这样成功的学习经验多了，学习干劲儿越来越足，自己也会更自信了。

再以减肥、健身为例。看到体重真的变轻了，减肥过程会变得让人愉快；俯卧撑越做越多，腹肌越来越漂亮，看到变强壮的自己，健身肯定更有动力。学习也一样，过程虽然辛苦，但只要不断向着目标努力，最后一定能够取得好的结果。

02 每天睡觉前表扬一次"今天的自己"

◆ 积极的自我暗示，也是决心和自信的来源之一

▶ 今天我都努力做了什么？

看到学习成果可不是那么容易的事情。今天就算学得再努力，也不可能明天就能提高成绩，学习成果要表现出来都要经过很长时间。可是在真正看到学习成果以前，你会不会担心"自己的学习没有效果"呢？如果你有这样的担心，可以试试我下面要推荐的方法。每天晚上睡觉前表扬一下"今天的自己"。最好能够找到3个自己当天值得表扬的地方，最少1个，不管多小的事情都可以。我希望大家对自己今天的努力给予肯定和表扬，然后再睡觉。

很多书里都讲过，自我表扬一旦形成习惯，人会变得更加积极乐观。有些实际尝试过这种方法的孩子跟我说，"我坚

持做了以后真的变得更乐观了"。积极的自我暗示非常重要，不仅可以提高自我认同感，也会坚定学习决心，让人变得更自信。

▶ 试试对自己说："我运气很好，肯定没问题！"

如果实在找不到自己值得表扬的地方，那还有另一个方法可以教给大家。我高中的时候总是很消极，坚持这种自我暗示法差不多两年以后，我看事情的方式和想法都发生了巨大的变化。这种方法就是站在镜子前对自己说："我运气很好，肯定没问题！"希望大家每天照镜子的时候都可以这样对自己说，刷牙前也可以。

如果站在镜子前对自己说"我学习很好"，可能话刚说出口，你自己在心里就否定了，"不，我学习并不好"。如果每天对自己说"我运气好"，有可能慢慢地自己也觉得"有可能真是这样"。"言语之中有神灵"这句话虽不足信，但是话语的力量真的非常强大。

03 | 甜枣、巴掌？巴掌、甜枣？

◆ 努力得到奖励，自然就有学习的动力了

▶ 为了能更努力地为下次考试做准备

有个说法叫"打一巴掌给个甜枣"，按照字面意思解释就是"先给一巴掌再给一个甜枣"。想要激励学习的话，"甜枣"就要后给。如果先给了"甜枣"再打"巴掌"，失去了努力的目标，可能就承受不住"巴掌"的打击了。

我经常听到有学生家长说"我给你买个××，下次考试要努力哦"。小学生的家长则经常会说"我给你买了零食，回家好好写作业哦"。这就相当于先给了"甜枣"。孩子已经得到了零食，他就失去了做作业的动力。

那么怎么做才对呢？

我觉得应该是"努力学习，我就给你买××"。当然我不清楚大家是不是都愿意这样做。还有，也并不是说非要买什么才是奖励。努力学习以后能够获得放松休息的机会也是一种奖励。但是原则上来说先休息再学习是不可取的。要跟孩子说，"今天努力完成任务，明天可以放松一下"。

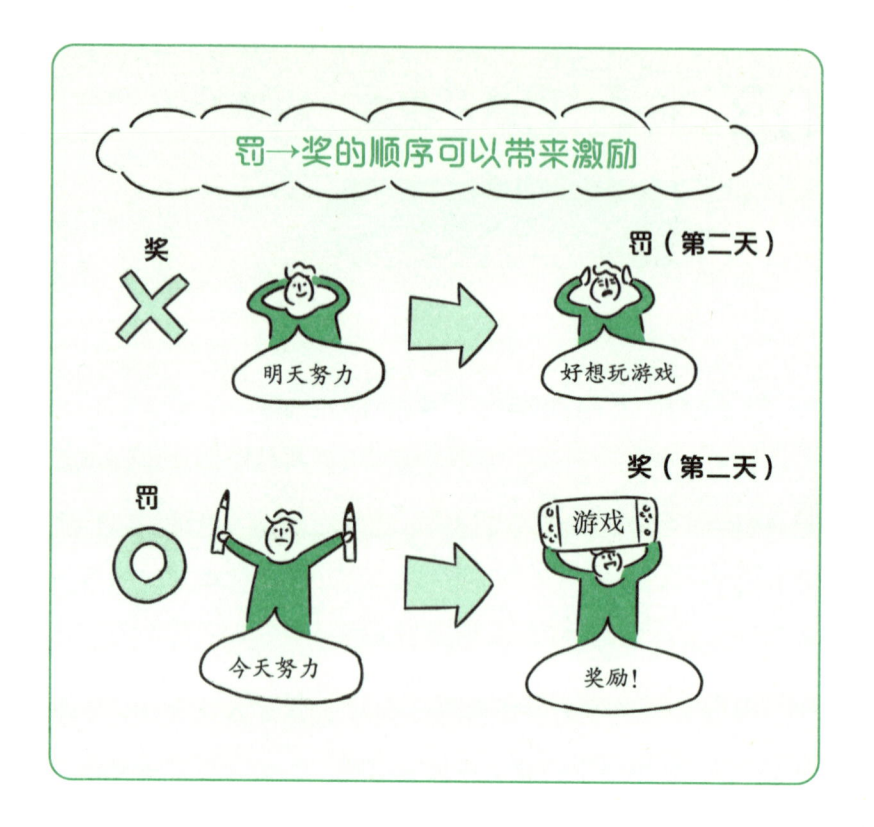

罚→奖的顺序可以带来激励

奖 ✗　明天努力　➡　罚（第二天）好想玩游戏

罚 ○　今天努力　➡　奖（第二天）游戏　奖励！

04 烦躁是学习的敌人

◆ 看到学习成果心情就变好了

▶ 拿出学习成果，让父母理解你

最近，你有没有觉得爸爸妈妈"很烦"过？我知道肯定有孩子觉得父母说的都对，但不管是谁肯定都有被父母各种说教的经历。刚休息一下就说你"又玩游戏了"，你心里肯定很不服气——"明明我刚才一直很努力地学习来着"，这样想着，不知不觉就变得烦躁起来了。现在问题并不在于谁对谁错，而是父母因为担心，所以不管看到什么都想说一句。要想让双方都变得心平气和，拿出学习成果是最快最直接的方法。

当你被父母唠叨时，请把心中的不甘化为学习的动力吧。

▶ 父母对教学类视频尚有很大的误解

我有时会反省，总是唠叨会不会对孩子有不好的影响。在本书的最后为家长们所写的一章中，我会更进一步详细地阐述这个问题。

我听说有的孩子在看教学类视频时，父母看到了会说"又在看视频""你这样还怎么把学习搞好"等。对于父母那一代人来说，视频平台是一种容易引起他们误解的新媒体。他们不知道，现在视频平台上的内容已经非常丰富了，更不知道里面有很多优秀的教学视频。所以，孩子们，你们更需要通过自己的努力让父母看到你们的学习成果，让他们知道"现在通过教学类视频也可以有效地学习，也可以取得很好的学习成果"。

05 消极情绪不可怕，化为动力助学习

◆ 负能量也能成为学习的原动力

▶ 人不是只能有梦想和希望

成年人想尽量给孩子传递正能量，希望孩子能够向着正确的方向发展，所以他们总愿意和孩子谈梦想、谈希望。可是那些难以对人说出口的、杂乱不堪的负面情绪有时也能发挥出惊人的力量。

我初中的时候曾因遭受校园暴力变得十分消极，甚至会产生"我为什么要活着"这样的想法。可是后来，"想报复"这种负面的情绪却成了我学习的原动力。在这个动力的驱使下，我做了很多努力最终成就了今天的自己。我刚做教学视频的时候也听到了很多斥责的声音，就是因为想要证明给这些人看看我能做得好，所以一直坚持到了现在。

大家每天也会遇到很多糟糕的事情，请把委屈和不甘变成自己学习的动力吧！

▶ 学习是为了改变现状

负能量如果朝着错误的方向发展下去就糟了,使之向着对自己有利的方向发展,它会成为一种强大的力量。

人为什么要学东西呢?学习的动力本就是来源于对"自己现状"的某种不满,想要摆脱现状,让自己有更多的可能性,所以才要学习。我也这么觉得,我就是想要改变消极的自己才有了之后的努力。消极没有问题,但是要让这种消极转变为使自己成长起来的行动力。踏出第一步很难,但是讨厌自己却不做点什么摆脱现状,人生是不会有改变的。

学习就是能让不够好的自己变得自信的途径。

06 学习相关的成功体验越多越好

◆ 不断积累小的成功体验，迎接将来的大挑战

▶ 中学学习奠定人生大舞台的基础

做一件事并取得成果这种成功体验，可以让人变得自信，更好地接受未来的新挑战。无论是多小的成功体验，积累多了就能让人变得有勇气去接受大的挑战。对于初中生来说，最容易获得的成功体验就是通过学习取得好成绩了。一开始一点点进步就好，不断积累就能取得更大的成绩。

学习就像盖房子，初中3年奠定的基础决定了今后人生的舞台有多大。基础不牢，舞台就不会大。所以初中时期基础打得越大越牢固越好。

▶ 培养努力获取结果的能力

初中学的因式分解进入社会以后基本是用不上的，但是应

该没有哪个成年人会觉得"如果没学因式分解就好了"。"我会因式分解",当你跟别人说这个话的时候,不只没有后悔,可能还有点骄傲吧。相比实际生活中是否用得到这种技能,努力获得做一道题的成功体验更有意义。自己的努力有了成果,更能让人产生自信。

其实做什么工作都是一样的。趁现在不断积累,通过努力获取成功的经验,让自己具备接受更大挑战的能力,那么将来无论选择走哪条路,肯定都能够做得很好。

07 | 坦然接受情绪低落的自己，一步也好，动起来

◆ 让自己无论什么情况下都能勇往直前

▶ 一步应该是可以的

初中生处于比较敏感的时期，很容易因为谁说了什么而受伤，也会因为和朋友关系没处好，或是在班级、社团表现不好而情绪低落。当然有时也会无缘无故地消沉。在这种情况下是根本无法专注于学习的。谁也不知道消沉状态什么时候结束，有可能要靠时间的力量，也有可能在某种契机下突然就恢复活力了。但是需要知道的是，没有人会一直低落，也没有人会一直处于人生低谷。

谁都有情绪低落的时候，所以记住"情绪低落没什么不好"。一味自责"我怎么会因为这种小事儿烦恼呢""我怎么那么不干脆呢"，那消沉的自己只会变得更消沉了，这就陷入了恶性循环。不如先试试迈出一步，就算情绪低落也总有能做

的事吧，现在能动起来的话，以后遇到更大挫折时也一定能勇往直前。平时能够学到100分的程度的话，情绪不好的时候能做到5分、10分就好。这样自己能够堂堂正正地对自己说："我状态那么不好还能做到5分呢！"下次进步就会更大了。

08 | 状态不好时怎样有效学习和转换心情?

◆ 想要转换心情的时候马上尝试

▶ 注意力难以集中的时候要以复习为主

人总有不在状态的时候,没办法好好学习的时候应该怎么办呢?可以试试我下面推荐的两个方法。

方法一:试试变换学习内容

状态不好的时候,可能不太适合做新题、背新的东西,这种学习内容需要下更大的功夫。我建议大家可以把昨天做过的题或背过的东西再拿出来复习一下。

方法二:干脆休息1小时

做自己喜欢的事情心情会变好。经过短暂休息不能找回学习状态的话,可能是身体太累、能量不足了。我老家在一个偏僻的小镇,每当我学不下去的时候,我就会爬上屋顶去远眺田野的景色。有时我还会骑自行车到附近的河边,坐在河岸上放空半天。我很喜欢看水流,老家没有海,河边就成了我的最佳治愈地点。等自己放松下来了,再从口袋里拿出单词本继续学习。大家也努力找到自己的放松方法吧。

09 | 研究本地高中信息，拥有逐梦之手

◆ 开拓自己的视野，给学习加把劲

▶ 可以进一步研究下本地高中的毕业出路问题

制订升学考试学习计划之前，最好能够获取至少一所本地高中的详细信息。除了每所高中的成绩、特色，可能的话还要研究一下毕业生的出路情况。很多初中生对于将来可能还没有明确的目标，以后要考哪所高中、高中毕业以后做什么都不确定。我建议大家先了解一下"××高中每年有多少人考上双一流大学""××高中5成毕业生都直接就业了"之类的信息。高中毕业以后可以有很多选择，考大学、上专科学校还是直接工作，得到信息后可以和父母讨论一下，计划一下自己的将来。学习的目标越具体，学习动力就越大。

▶ 追寻梦想，重视自己的兴趣

大人总说"人要有梦想"，但是真的问起来的话，我估计

一半以上的初中生都不清楚自己的梦想是什么。当然有了梦想才更容易明确自己的前进方向，不过也仅限于此罢了，所以即使现在没有梦想也没必要急着去找梦想。不过人是不能停止追寻梦想的，总说"我不行""我能力太差"，从而放弃追寻梦想也不行。

  看电视的时候如果发现"原来还有这样的工作，好像很有意思啊"，那就要马上上网查一下。就算查过以后发现其实跟想的不一样，自己不感兴趣了，也没关系。重视自己的兴趣，坚持自己的兴趣爱好，没准儿哪一天就能迈出第一步，甚至影响到自己今后的工作。

10 | 中考尽自己最大的努力，超越自己

◆ 培养自己的决断力、创造力、自控力和毅力

▶ **中考是整个人生中的一个大关卡**

初中阶段，对将来影响最大、最能让人成长的事情是什么？有人可能会说是社团活动、恋爱等，我相信大多数人都会选择中考。中考是大家目前面临的最大考验，在整个人生中也是一个大关卡。为了一个目标努力一整年，这种经验在漫长的人生中也是很少有的。你们15岁就要开始做这么厉害的事情，吃苦是肯定的。一旦遇到了解决不了的难题，也很难控制好自己的情绪。可是等到渡过这个难关，你会发现自己拥有了很多强大的力量。例如自己做决定的"决断力"，动脑筋解决问题的"创造力"，能让自己专注、冷静的"自控力"，以及不断向着目标前进的"毅力"等，这些都是会影响人一生的重要力量。

我个人认为参加中考是件非常好的事。它可以让学生知道为了将来拥有更大的发展空间，现在就要兢兢业业地播种，不努力是不行的。

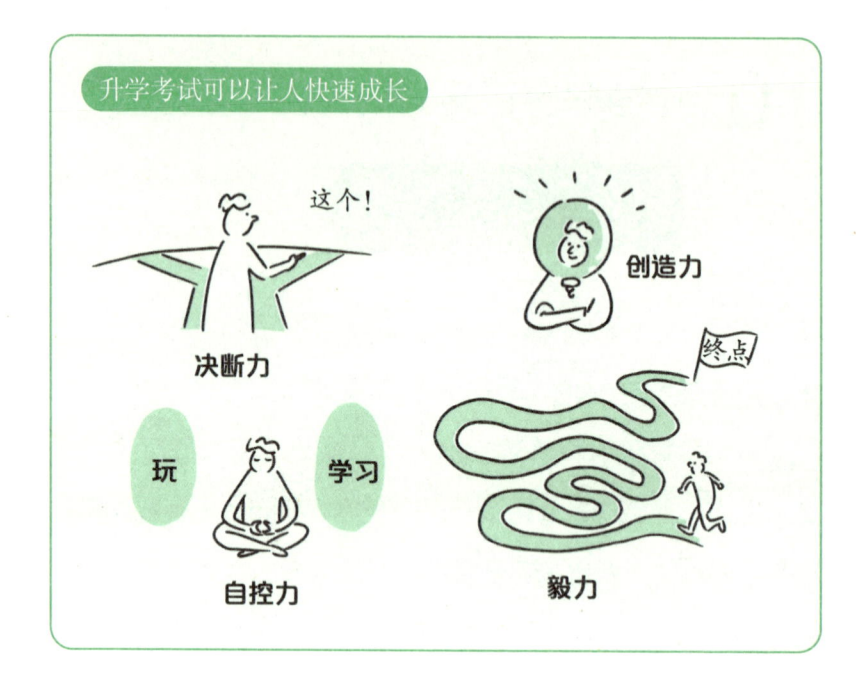

升学考试可以让人快速成长

这个！
决断力

创造力

玩　学习
自控力

终点
毅力

专栏 6

能够提高学习积极性的漫画和音乐

有些看起来跟学习没有关系的东西也是能激励学习的。对我来说，漫画和音乐就是这样的存在。我说的漫画不是指学习性漫画，也不是涉及了学习的漫画，而是真正的有趣的漫画。高中时期我看到一本漫画书，书中主人公努力通过各种试炼，这会使我萌生"我也要努力"的想法。后来又看了另一本漫画，又被主人公那种充满自信、奋发进取的精神所感动。另外，我那会休息时总是喜欢听自己钟爱的音乐或歌曲。

希望大家都能找到并珍惜可以激励自己的东西。

第7章

需要初中生家长们了解的事情

◆ 最后，我有些话要对家长们说。"自学能力是人生中非常重要的一项能力。"另外，现在是孩子们的关键时期，所以为了孩子有些事情家长一定要做做看。中学生朋友读了本章内容应该能够更理解父母的苦心，有余力的话一定要读一读。

01 培养孩子的自主性

◆ 不要总唠叨、指责孩子

▶ 自主性低的孩子的特征

初中生处于小孩和成年人的中间阶段,从父母的角度来看他们还是小孩,总让人有各种担心,所以父母经常会用命令的口吻和他们说话。从某种意义上来说这是很幸福的一件事,因为孩子自己什么都不用想,什么决定都不用做,是很轻松的。但是,总是父母说什么就做什么,认为"父母说的都对",孩子的自主性就会受挫。

我有两个儿子,一个7岁,一个4岁。我个人认为父母应该做的就是给孩子提供选项。不管是学什么做什么,父母强迫孩子去学是很简单的,但是这样很难培养起孩子的自主性。如果不能独立思考,独立行动,学习效率肯定不高。认真的孩子在父母的推动下还能有点进步,但是以后肯定会遇到大挫折。

▶ 自己思考做决定很重要

我在教学生时的基本立场是让他们"自己做决定"。我可以用很多方法给他们提示，然后再让他们自己思考并做决定。这对于培养他们的生存能力也非常重要。上补习班或参加远程培训的孩子身上最大的问题就是总处于被动接受状态，如"父母让我去的""朋友学了我才学的"等。不管这件事有多好，如果不是自己发自内心地想去做，效果也有限。就像买参考书，我知道父母看到好的参考书就想给孩子买，但是我却建议让孩子自己挑选购买。不要网购，而是让孩子自己到书店走一趟，看着实物选出自己觉得好的参考书。这种能力很重要，再说书店里也没有什么绝对不好的参考书，所以放手让孩子自由选择吧。

02 | 把真正重要的事情传达给孩子

◆ 1分批评配以9分鼓励

▶ **小的努力也能得到父母认可的话，孩子一定会成长得更快**

有没有父母总是对着正值青春期的孩子唠唠叨叨的？因为担心孩子的将来，就总是对他们说"你应该这样做""你必须变成那样"，初衷是给予批评和鼓励，但最后就只剩下了批评。我希望父母要把批评和鼓励控制在1∶9的比例。没有9分的鼓励和表扬，那1分的批评孩子是听不进去的。所以为了能将真正重要的事情传达给孩子，请把批评控制在1分以内。

偷懒了还是努力了，孩子自己心里是很清楚的。如果父母一味对他说"去好好学习"，即便他嘴上回答"知道了"，但是心与心的距离却拉远了。如果想要激发孩子的学习积极性，让孩子变得自信，那就不要忽视孩子的每一次努力，即使再小的努力也要给予表扬。特别是在取得成果过程中的努力，父母一定要多给予鼓励和表扬,这可能会决定最后的结果如何。

▶ 孩子超乎想象地在意父母

孩子可能比我们想象的更关注父母。叛逆期的孩子,话少了,和父母在一起的时间和机会也少了。虽然他们总是一副让你看不懂的表情,装作对什么都漠不关心,但实际上他们对很多事情都很在意。他们会留意父母不经意间说的话,会因为父母的话受伤,也会因为父母的一点表扬而内心雀跃。父母的表扬来得越晚效果越差,所以想到要表扬他的时候就要马上说出口。我也是每天都提醒自己这样做的。

03 | 不让孩子感到孤独

◆ 不要害怕跟孩子讲自己的失败经历

▶ 活用成年人的经验值

很多人不愿意让孩子知道自己做家长的烦恼，也不愿意让孩子看到自己不好的一面。但是我建议大家最好能跟孩子讲一讲自己曾经的失败经历，例如，找工作、做兼职时的失败经历，曾经做过的丢脸的事情等。每个人应该都有失败的经历，但是我们很少和孩子说起这样的事情。和孩子相比，成年人的各种经历要多得多，这就是我们的经验值。人生有成功也有失败，而且往往失败更多。我希望父母能找机会给孩子讲讲自己曾经的失败经历，这并不是要让孩子有危机感，而是让他们知道如何面对自己的失败。但是需要注意的是，不要讲"学习上的失败"，否则孩子就会觉得你自己都学不好还天天说我，继而忽略父母真正想要传达的意思。

▶ 看到的都是闪闪发光的成功者

在信息泛滥的时代，孩子们在电视上、手机上总是看到闪闪发光的同龄人，有模特、艺人，也有各个领域的成功者。但是实际上那些人只是极少数，绝大多数还是各种各样的普通人；而且那些成功者也都是经历过多次失败才有了今天。如果看不到这背后的真相，就会觉得自己低人一等，也会变得害怕起失败来。对于孩子来说，了解身边最亲近的人的人生经验和失败经历有很多好处。实际上，人从失败中学到的东西更多也更重要。也许当父母谈起自己的人生经验的时候，孩子的反应会比较冷淡。但是看到父母的另一些自己不知道的样子，有可能在什么地方就会受到刺激，甚至有可能会成为他今后努力的动力，所以一定要和孩子聊聊这个话题。

04 | 提高孩子的自我认同感

◆ 不拿孩子和别人做比较，也不和自己比

▶ "你是我的孩子所以没办法"，绝对不能这么说！

我觉得父母最好不要跟孩子说自己以前学习不好的事情，如果仅仅是最后结果不好但是自己努力过，就算辛苦也没放弃这样的故事还好，但是很遗憾，大多数人的故事都是"就是没好好学"。

最糟糕的是跟孩子说"妈妈就不会学习，你是我的孩子，学不好也没办法"这样的话。我想父母可能是当作玩笑和孩子说的，希望孩子能跟着笑一下，可是孩子很有可能不但没觉得好笑，反而真的把这句话听了进去，觉得自己学习不好也正常了。"反正努力也没意义"，自此开始变得消极低沉。父母自我认同感低也会影响孩子，所以必须避免这种不好的连锁反应。

▶ 和别人做比较没有好处

想让不自信的孩子提高自我认同感，最好不要拿他与别人做比较，就算兄弟姐妹之间也最好不要。这应该是大家都知道的道理。

此外，与上面说的"你是我的孩子，学不好也没办法"完全相反的情况是，学习很好的父母，虽然嘴上没炫耀"自己学习好"，但是心里有这样的想法，他们就可能无意间说出类似"为什么我能做好的事情这孩子做不好""他应该可以啊"这样苛刻的话。其实，时代不同了，现在和过去根本不能放在一起做比较。如果拿孩子和过去的自己做比较，对孩子来说是很不公平的。我希望各位家长不要让孩子与其他孩子或兄弟姐妹做比较，同时更要注意不要拿孩子和过去的自己做比较。

05 | 面对孩子的叛逆期

◆ 保持适度的距离感，不要太近也不要太远

▶ 不能彻底远离孩子

叛逆期的孩子是很难相处的。我与各种各样的学生都聊过这件事，最大的感触是保持适度的距离感非常重要。所谓叛逆期，就是自我意识增强，希望父母"不要靠近我，但是也不能离我太远"的时期。听到孩子说自己"烦死了"，父母一定都会很伤心吧。但其实孩子心里也隐约明白自己这么做是不对的，只是他们没有办法控制好自己的情绪，所以一不注意就用这样的态度和父母说话了。如果父母就此彻底不管他了，他就会觉得"我让父母失望了""我被父母放弃了"，这样亲子关系就更差了。

我个人认为"需要帮忙就告诉我"这样的立场就比较合适。父母不用直接告诉孩子自己的态度，但是要时常注意保持

自己的立场。"平时我不会刻意去接近你,但是有事情可以随时对我说",这样可以让叛逆期的孩子获得更多安心感。

▶ 比起三方面谈,我更喜欢双方对谈

我在补习班当老师的时候,很少会做学生家长的三方面谈,而是更愿意分别与孩子和家长做双方对谈。虽然双方对谈要做两次,但是分别与学生、家长单独谈话,了解到的东西也会更多。叛逆期的孩子,平时没什么不同,可一到父母面前脸色就变了。父母也是,孩子在场和老师三方面谈的时候,100%会说孩子"不学习""光看手机",当着孩子的面表达种种不满。可是一对一和老师谈话的时候,虽然不满还是有,但是会更多地为孩子考虑,也会向我提出类似"我想帮帮他,应该做点什么好呢"的问题。所以双方对谈的时候,了解了父母真正的想法后,我会建议他们将自己的想法直接告诉孩子;跟孩子谈话的时候,我也会建议他们把对我说的话回去都直接告诉父母。例如自己的各种担心以及上补习班成绩没有提高觉得浪费了父母的钱感到抱歉的心情等。我还遇到过一个在家会开玩笑似的叫自己妈妈"臭老太婆"的孩子。在单独和他谈话的时候,我发现这孩子其实特别在意妈妈,也知道自己给妈妈添麻烦了。他还跟我说他必须要改这些毛病。我把他的想法告诉了他的妈妈,也把妈妈说的话"妈妈可是一直想着你的。你是

不是觉得我不关注你啊？错了，我紧盯着你呢！"转告给他。

像电视剧里那样叛逆期的孩子受到某种刺激突然发生转变的故事，在真实情况下基本不会有，所以父母也不要有期待。不过互通心意总会让亲子关系越变越好。

那个叫自己妈妈"臭老太婆"的孩子，大概两三个月后，已经可以上桌和家人一起吃饭了，也愿意偶尔去学校上课了。这都是后来他妈妈跟我说的。

▶ 注意未知事物和没有经历过的事情带给孩子的压力

人对于未知的事物和自己没有经历过的事情都有强烈的恐惧心理。最年长的孩子即将参加升学考试的时候，父母也是压力山大，不知不觉就会对孩子出言苛责，导致家里的气氛变得更紧张了。无论发生什么事，父母都是孩子最后的避风港。就算彼此之间有摩擦，也不要觉得他"就是个小屁孩"而对矛盾听之任之不去解决。要真的把他当成"孩子"来温柔地接近他，呵护他的面子不让他受伤。

专栏 7

际遇改变未来之梦

我高中最后的升学志愿是东京学艺大学。但是在那之前我曾经想过去考专科学校。我那时非常羡慕现场音乐会工作人员,梦想是做与音乐相关的工作,音响师之类都可以。其实我也没有什么明确的动机,就是觉得那样的工作很帅。上高中以后,在数学老师的影响下我的梦想又变成了"当老师"。因为眼前就有一个榜样在,所以学习热情自然比想搞音乐那会儿高得多。为了成为一名老师,我找到了想要考的大学。不过那时我的预估分距离那所大学的录取分数线差了足足20分,在那种情况下我仍然决定要努力试一试。我想一定是当时老师的表扬和父母的鼓励让我产生了莫大的勇气。我喜欢得到他们的表扬,那是我学习最大的动力。我想很多人都和我一样吧。

谁也不知道什么时候什么事情会激励到自己,但只要一直努力向前,总会有好的际遇。

后记 AFTERWORD

通过努力学习变得从容

◆ 好事坏事，51∶49

"人生中好事与坏事的比例是51∶49"，这个认识很重要。我自己在学生时代总被人欺负，发生过很多不好的事情。我那时总想："为什么我的人生中有那么多不顺心的事情呢？"总看到不好的事情，人是没办法快乐起来的。我喜欢看天空，每当看到天上澄净的蓝色，心情就会好一些。就这样我慢慢发现我的人生也有很多小小的幸运。我之所以觉得自己不幸是因为我的眼中只看到了自己不幸的一面。我渐渐想开了，好事总会有的，人活一辈子好事绝对不会少。坚定了这样的想法，再遇到坏事的时候，我会对自己说坏事后面肯定会发生更好的事，现在我更应该努力向前。

◆ 我人生的转折点是遇到了某位老师

我曾经在很多地方讲过，对我来说最有代表性的"好事"之一就是遇到了一位好老师。他是我高中时的数学老师，是一位很年轻的老师。他第一次做自我介绍的时候，开口第一句话就是"我根本没想过让你们喜欢我"。说实话那时我觉得这个老师很不靠谱。但是他教了我一个月左右我就发现了他的好。我本来不太擅长数学，但是那个老师的课却很容易听懂。而且，他的板书很漂亮，虽然他看起来根本不像是能写好板书的人。也许是因为上课能听懂了，所以我很喜欢上他的课。我本来对老师是不太信任的，不过这位年轻老师却不一样。比如休息的时候我去问问题，他一定会回答，别的老师有时可能会说"现在有点忙，你晚一点再来"，但是他从来没有这么说过。提高成绩是个漫长而痛苦的过程，他本来是个很让人害怕的老师，但是相处下来后，不知道什么时候对他的信赖让我觉得他不再可怕了。我立志想成为一名老师，也许是我想成为"像那位老师一样的大人"。努力提高成绩，考进高出自己预估成绩20分的大学，拿到数学教师资格证等，一切都是从这里开始的。

◆ 学习榜样的从容

大家身边都有一些可以当作榜样的同级生，他们就像少女漫画的主人公一样，学习好、社团活动出色、长得帅还温柔，堪称完美。可是他们和一般人最大的不同不在于容貌和运动神经，而是"有没有自信"。那份自信让他们看起来更帅、更从容。

大家眼中完美的同学，要取得今天的成果也要付出足够的努力。而努力获得的成果就是他们今天自信的来源。人一旦活得从容就会对别人温柔起来，为了让自己更从容又会更加努力。这份从容在成年之后也很重要，所以现阶段大家应该努力让自己变得大气和从容。努力学习就可以让自己变得从容。我希望大家好好地利用我的这本书，把它们当作工具提升自己。我一开始做教学视频就是想帮助那些想去补习班却去不了的孩子们，以及那些想让自己成长起来却难以靠自己的力量抓住机会的孩子们。家庭条件不同致使孩子们能够选择接受的教育水平也会有差异，虽然我心里明白这是无法改变的现实，但是无法坐视不理。我认为社会上应该有能够让孩子自由选择的免费受教育机会，而新媒体平台就能让免费学习变成现实。

教育博主 叶一

2020 年 12 月